CB061834

O Brasil
Visto por dentro

Vinod Thomas

O BRASIL
VISTO POR DENTRO

Desenvolvimento em uma terra de
contrastes

2ª edição

JOSÉ OLYMPIO
EDITORA

© Vinod Thomas, 2005

Reservam-se os direitos desta edição à
EDITORA JOSÉ OLYMPIO LTDA.
Rua Argentina, 171 – 1º andar – São Cristóvão
20921-380 – Rio de Janeiro, RJ – República Federativa do Brasil
Tel.: (21) 2585-2060   Fax: (21) 2585-2086
Printed in Brazil / Impresso no Brasil

Atendemos pelo Reembolso Postal

ISBN 85-03-00920-X

Capa: HYBRIS DESIGN / ISABELLA PERROTTA
Fotos de capa: APA DE PIAÇABUÇU, ALAGOAS (4/10/2003). FOTO DE ALDEM BOURSCHEIT/ASCOM MMA; QUEIMADA EM RORAIMA. IMAGENS EXTRAÍDAS DA BIBLIOTECA DO NAPIAm (MMA/PPG7); MORADIA NA ÁREA DA VÁRZEA DA RESEX VERDE PARA SEMPRE (12/2/2005). FOTO DE MARTIN GARCIA/MMA.

CIP-Brasil. Catalogação-na-fonte
Sindicato Nacional dos Editores de Livros, RJ.

T382b
2ª ed.

Thomas, Vinod, 1949-
   O Brasil visto por dentro: desenvolvimento em uma terra de contrastes / Vinod Thomas. – 2ª ed. – Rio de Janeiro: José Olympio, 2006.

   Inclui bibliografia
   ISBN 85-03-00920-X

   1. Brasil – Condições econômicas. 2. Desenvolvimento econômico. 3. Desenvolvimento social. 4. Desenvolvimento sustentável. 5. Bem-estar social. I. Título.

06-3592

CDD – 330.981
CDU – 338.1(81)

Para Leila, que ama o
Brasil tanto quanto eu.

SUMÁRIO

Agradecimentos	09
Prefácio: Vinod e o novo olhar sobre a terra de contrastes	11
Prólogo	13
Introdução	17
1. Um mundo de diferenças	29
2. Bem-estar social	53
3. Produtividade	75
4. Sustentabilidade	105
5. Instituições	133
6. Qualidade	159
7. A agenda do Brasil	179
Referências bibliográficas	193
Acrônimos	201

AGRADECIMENTOS

Eu gostaria de agradecer a todos que colaboraram para este trabalho, em especial Leo Feler, Antonio Rocha Magalhães, Mauro Azeredo e Fernando Blanco pela intensa colaboração durante todo o processo. Agradeço a Ilan Bruno Guimarães de Souza e Lia Rocha pela assistência dedicada.

Também gostaria de expressar minha gratidão pelas numerosas e profundas contribuições recebidas durante as várias fases da preparação, incluindo aquelas de João Paulo dos Reis Velloso, Aécio Neves, Albert Fishlow, Antonio Palocci, Armando Avena, Carlos Lopes e Francisco Gaetani, Guillermo Perry, Jorge Jatobá, José Pastore, Marina Silva, Mauricio Carrizosa, Nilson Holanda, Norman Gall, Patrus Ananias, Renato Baumann e Ricardo Lima. Um agradecimento especial é devido a José Sokol, Florent Agueh e Anthony Elson, que forneceram comentários iniciais sobre como o livro se desenvolvia. Da mesma forma, gostaria de reconhecer a preciosa cooperação de diversos governadores de estado, secretários e autoridades do governo brasileiro.

Meu sincero apreço pelas muitas sugestões e observações recebidas de, entre outros, Abel Mejia, Adriana Moreira, Alberto Rodriguez, Angela Furtado, Anjali Kumar, Dani Kaufmann, David de Ferranti, Francisco Ferreira, Garo Batmanian, Gerard La Forgia, Gregor Wolf, John Briscoe, Jorge Rebelo, Julio Revilla, Kathy Lindert, Lant Pritchett, Luiz Gabriel Azevedo, Madalena dos Santos, Marcello Coelho, Maria Valéria Pena, Michael Carroll, Monica Fast, Pamela Cox, Paulo de Sá, Santiago Herrera, Saran Kebet-Koulibaly, Sérgio Margulis, Suhas Parandekar, Waldemar Wirsig e Zezé Weiss.

Meu agradecimento para os muitos profissionais que ajudaram a publicar, editar e traduzir o livro, incluindo Meta de Coquereaumont, Santiago Pombo, Dina Towbin, Maria Helena Falcão e Soraya Araujo.

Finalmente, minha profunda gratidão aos muitos amigos, colegas e conhecidos que fiz durante minha estada no Brasil, e minha família — Leila, Milan, Aman e Amita, e também Rosalie — que inspiraram este livro. Espero que esta obra possa ser um tributo ao seu trabalho e ao país.

Vinod Thomas

As opiniões, interpretações e conclusões, aqui apresentadas, são do autor e não devem ser atribuídas ao Banco Mundial, às suas instituições afiliadas, ao seu Conselho Diretor, ou aos países por eles representados. O Banco Mundial não garante a precisão da informação incluída nesta publicação e não pode ser responsabilizado por qualquer conseqüência de seu uso.

PREFÁCIO

VINOD E O NOVO OLHAR SOBRE A TERRA DE CONTRASTES

João Paulo dos Reis Velloso*

O livro de Vinod Thomas não é uma visão de fora, obra de estrangeiro. É o trabalho de alguém que se incorporou à sociedade brasileira e, de dentro, faz reflexões sobre o Brasil, que, como dizia Tom Jobim, "não é país para amadores".

E a tônica principal está correta: desenvolvimento em uma terra de contrastes. Lembremos que, em 1957, Roger Bastide, que também viu o Brasil de dentro, escreveu um livro intitulado *Brasil, terra de contrastes*.

Então, o que mudou? Quase tudo, mas os contrastes continuam. Sua forma é que se modificou.

Houve grandes transformações econômicas, sociais e políticas, e emergiu a sociedade de massas. E massas ativas, politicamente incorporadas. É só recordar que, ao ensejo da primeira redemocratização, em 1945, o país tinha 7,4 milhões de eleitores (cerca de 11% da população), e hoje tem 120 milhões (aproximadamente 67% da população).

A economia modernizou-se, disseminou-se o *ethos* capitalista em todas as grandes regiões, os meios de comunicação de massa chegaram a toda parte, a educação fundamental (de qualidade muito heterogênea) praticamente foi universalizada. Reduziu-se a pobreza. Mas a desigualdade continua altíssima. E o país tornou-se mais violento, mais convulsivo, o Estado mais fraco, menos presente onde não poderia faltar (nas favelas e periferias urbanas) e mais presente onde não deveria sê-lo.

---

*Coordenador-geral do Fórum Nacional. Ex-ministro do Planejamento. Professor da EPGE (FGV).

Vinod Thomas capta bem as transformações dos anos 90, quando o Brasil aprofundou sua inserção na economia global, de um lado pela realização das aberturas às importações e ao Investimento Direto Externo (IDE). E, de outro, pelo esforço de melhoria da competitividade, que resultou na grande expansão das exportações e na volta dos megasuperávits comerciais. Com isso, aumentou consideravelmente a participação do fluxo de comércio no PIB e grande número de empresas passou a exportar de forma permanente.

Contudo, ainda existem duas agendas não concluídas.

A primeira refere-se ao ingresso num novo ciclo de crescimento sustentado. Saímos, aparentemente, do crescimento baixo e instável dos anos 80 e 90. Mas ainda precisamos superar a síndrome macroeconômica (resultante da vinculação da dívida pública ao câmbio ou à selic — a taxa básica de juros), e dar maior impulso às políticas de competitividade, com base, principalmente, na inovação, voltada para o potencial das empresas.

A segunda é uma agenda de reformas. Reformas econômicas e institucionais — que o livro destaca. Em particular, diante da atual crise política, torna-se prioritária a reforma das instituições do Estado brasileiro — Executivo, Legislativo e Judiciário. Ponto a destacar: é chegada a hora de promover uma verdadeira revolução na produtividade do Estado e uma revisão de sua estrutura. Algo semelhante ao que aconteceu, nos anos 90, no setor privado, em termos de competitividade. E a questão social tem de continuar em nível de alta prioridade.

Quanto às nossas perspectivas, podemos dizer o seguinte: esperança, apesar de tudo.

Rio de Janeiro, setembro de 2005

PRÓLOGO

O interesse pelo Brasil apresenta múltiplas facetas. Pessoas de todos os lugares parecem gostar dos brasileiros e do Brasil: por sua enorme diversidade, pela amabilidade de seu povo, por sua paisagem deslumbrante e por outras razões difundidas e pessoais.

O desenvolvimento socioeconômico do país também é objeto de muito interesse. Tanto para observadores estrangeiros como para brasileiros, há importantes lições a serem aprendidas. Exemplos disso são o modo como o Brasil reduziu acentuadamente a inflação na segunda metade dos anos 90 e estabilizou a economia no início da década de 2000, em um período que abrangeu duas administrações; a forma como o país obteve um dos mais rápidos avanços na cobertura de educação e saúde básicas nas últimas duas décadas, partindo de uma situação muito desfavorável; e o modo como o Brasil conseguiu reduzir drasticamente a incidência de HIV/Aids, em relação às projeções para os anos 90 e seguintes.

Existem também difíceis desafios a serem enfrentados. Mesmo com uma elevada parcela do PIB destinada à educação, o Brasil situa-se muito abaixo de outros países de renda média no tocante às taxas de matrícula e de conclusão do Ensino Médio. Embora as instituições e políticas brasileiras sejam relativamente bem desenvolvidas, o país apresenta sérios problemas ecológicos relacionados à gestão da água e ao alto grau de desmatamento. A falta de manutenção e recuperação da infra-estrutura básica, bem como a necessidade de reformas reguladoras para os investimentos nos setores de energia e infra-estrutura são gargalos para o crescimento.

A reforma política tem sido prioritária, e se tornou centro das atenções após as alegações sobre o financiamento de campanhas eleitorais, a obtenção de votos no Congresso, influências sobre políticas públicas e sua relação com contratos governamentais, além de outras impropriedades. A escala e o escopo das denúncias são surpreendentes; as implicações e resultados finais das investigações parlamentares ainda não são claros. O que está claro é que ações punitivas e reformas políticas motivadas pela crise são essenciais para dar uma reviravolta na situação, em benefício de toda a sociedade brasileira. A falta de ação, por outro lado, desperdiçará uma oportunidade crucial, embora infeliz, para o progresso.

Nos primeiros anos do século XXI, o Brasil promoveu uma maior abertura para o exterior, partindo das realizações da década anterior, e está planejando novas e necessárias diretrizes. A questão crucial é se o país irá aproveitar o momento para realizar as possibilidades ou se irá perder essa grande chance. Se considerarmos o crescente número de estudos sobre o Brasil, fica claro que as perspectivas favoráveis do país, bem como os desafios e a importância desses anos, não passaram despercebidos.

Como líder do programa do Banco Mundial para o Brasil, tive a chance de observar muito de perto uma boa parte desta nova efervescência, de meados de 2001 a meados de 2005. No início dos anos 80, fui professor de economia urbana, durante um ano e meio, na Universidade de São Paulo, o que me proporcionou uma perspectiva mais ampla da história recente do país. Uma grande parte deste livro é produto de minhas experiências pessoais no Brasil, como participante e espectador nos últimos quatro anos — como diretor do Banco Mundial, economista e observador da vida brasileira. Esta perspectiva foi assumida aqui com o objetivo de dar uma visão mais pessoal a algumas análises formais. Ofereço essas reflexões com a esperança de que um enfoque mais informal possa revelar novos pontos.

O começo de minha estadia no Brasil foi marcado por grandes incertezas que cercavam a transição de governo e pelo alto grau de instabilidade macroeconômica. O governo reestabilizou a economia rapidamente e o país fortaleceu os seus fundamentos macroeconômicos. A turbulência na época de minha partida envolve inúmeras alegações sérias de governança e instituições políticas. A esperança é que o Brasil, como em outras ocasiões, novamente usará o contexto de uma crise como uma oportunidade para fazer as reformas necessárias.

Este trabalho se baseia nos vários fóruns dos quais participei no país; nas interações com líderes de governo nos níveis nacional, estadual e municipal; em leituras sobre o Brasil, bem como nas visitas que fiz a todas as regiões e à maioria dos estados brasileiros — e nas minhas próprias visões.

Os fóruns de discussão no Conselho de Desenvolvimento Econômico e Social abrangeram debates sobre o regime de licenciamento para investimentos, seminários sobre gestão macroeconômica no Instituto de Pesquisa Econômica Aplicada (Ipea) e na Pontifícia Universidade Católica (PUC), análises sobre distribuição de renda no Instituto de Estudos do Trabalho e Sociedade (IETS), investigações sobre a economia baseada em conhecimento no Fórum Nacional, discussões sobre questões urbanas no Instituto Fernand Braudel de Economia Mundial, uma análise das lições dos anos 90 na Universidade de São Paulo, debates sobre inclusão socioambiental com grupos da sociedade civil e trocas de idéias com jovens líderes.

Tive encontros com líderes de governo em programas de parcerias como o Bolsa Família, Saúde da Família, Combate à Pobreza Rural e Transporte Urbano, no nível federal; nas iniciativas de apoio às estratégias estaduais na Bahia, no Ceará, no Espírito Santo, no Maranhão, em Minas Gerais, no Paraná, em Pernambuco, no Rio de Janeiro, no Rio Grande do Sul, em São Paulo, além de outros estados; e nas discussões sobre investimentos em Belo Horizonte, Betim, Recife, São Paulo, Teresina, Uberaba e outros municípios.

Ao preparar este livro também me inspirei no grande volume de literatura e comentários sobre o Brasil, especialmente os documentos produzidos por especialistas brasileiros. Esses estudos variam de trabalhos da Fundação Getulio Vargas, do Ipea, da Confederação Nacional da Indústria (CNI), da Universidade de Brasília, da PUC, da Universidade de Campinas e da Universidade de São Paulo, passando pelo trabalho do Departamento de Desenvolvimento Internacional do Reino Unido, do Banco Interamericano de Desenvolvimento (BID), da agência de desenvolvimento alemã Kreditanstalt für Wiederaufbau, do Programa de Desenvolvimento das Nações Unidas e outros, de estudos da Conservation International e do Fundo Mundial para a Natureza, artigos da revista *The Economist*, além de outros jornais e estudos.

Também foi importante o amplo trabalho de meus colegas do Banco Mundial, especialmente os estudos econômicos e setoriais, incluindo o relatório *Policy Notes* (Banco Mundial, 2004b), que consistem em sugestões sobre políticas preparadas para o novo governo, empossado em 2003. Sou grato pela estreita colaboração e apoio de meus colegas durante esses anos, sem os quais este trabalho não seria possível.

Com tantas informações já disponíveis ao público, este livro busca realçar temas selecionados. Espero que esta abordagem ilumine questões cruciais menos enfatizadas, sirva de complemento a outros estudos e assim apresente um panorama mais completo das verdadeiras oportunidades do Brasil e como capitalizá-las. Este trabalho terá cumprido o seu objetivo se puder se tornar base para discussão dos problemas brasileiros a curto e longo prazos, indo além das preocupações cotidianas.

Neste documento, reuni também conclusões e observações que se encontram em vários estágios de elaboração — conclusões apresentadas em seminários técnicos, pontos de vista expressos durante discussões sobre política e comentários de pessoas com quem me encontrei. Um dia de trabalho nos proporcionou uma rica combinação de conclusões e observações. Meu desejo é que a junção de todos esses pontos de vista em um mesmo contexto faça surgir fortes perspectivas sem, no entanto, perder o rigor intelectual.

Baseado em tudo isso, minhas conclusões sobre o Brasil são três. Em primeiro lugar, o país tem uma das melhores perspectivas entre as grandes economias, baseado em seus pontos fortes e potenciais nas áreas humana, natural, geográfica e institucional. Segundo, a realização desse potencial requer ações sérias pelo governo e pela sociedade brasileira em uma segunda fase de reformas que enfoque a dimensão da qualidade. Terceiro, mesmo que esta agenda cubra muitas áreas e seja ambiciosa, ela é realista e pragmática, pois o progresso em uma área alimentaria o progresso em outras, num círculo virtuoso.

INTRODUÇÃO

Qualquer que seja o seu ponto de partida, o que conta é a viagem.

Cora Coralina

A força e o potencial do Brasil são lendários. O país conta com uma população empreendedora, abundantes recursos naturais, história e cultura ricas, e instituições democráticas em amadurecimento. Além disso, em décadas recentes, o país fez um notável progresso em muitas áreas, desde aperfeiçoamentos nas instituições econômicas e estabilidade econômica até a conquista de melhores níveis de excelência na música e nos esportes.

A economia também enfrenta problemas muito difíceis. Entre eles está o alto grau de desigualdade social, o crescimento econômico instável e a necessidade de políticas especiais para a manutenção da estabilidade econômica. As preocupações com políticas mais prementes abrangem a reforma de um sistema de previdência social de alto custo, a lentidão dos processos judiciários e um mercado de trabalho cujas normas são rígidas. Todos estão de acordo que é preciso enfrentar esses problemas a tempo, antes que se tornem ainda mais difíceis de resolver. Isto se aplica também aos processos políticos, pois inerentes às soluções socioeconômicas, existem questões políticas e de governança que precisam ser reformuladas urgentemente.

O Brasil vive um momento de definição entre realizar seu vasto potencial ou perder essa preciosa oportunidade. Importante para esse momento é a implementação de medidas socioeconômicas, facilitadas por reformas políticas. O caminho escolhido irá determinar se o país elevará a qualidade de vida da maioria dos brasileiros de maneira significativa ou os deixará para trás. Dadas as circunstâncias econômicas e sociais do país, esta é uma escolha crítica para o Brasil.

Metas do Brasil

Não existem bolas de cristal que nos mostrem o futuro. Nos anos 50, a comunidade internacional publicou uma série de relatórios que indicavam a Birmânia (atual República de Myanmar) e as Filipinas como os países que apresentavam as melhores perspectivas na Ásia, seguidos pela Indonésia; Tailândia e a Coréia do Sul ocupavam o final da lista. Os 50 anos seguintes testemunharam exatamente o contrário dessas previsões. Assim, vemos que as perspectivas de um país podem se realizar de maneiras bastante imprevistas.

O Brasil é um país místico em muitos aspectos, mas não existe solução mágica para o desafio do desenvolvimento. Observei de perto a implantação de reformas e percebi seus vários graus de sucesso. Um exemplo é o êxito do país com as metas de inflação e o estabelecimento da responsabilidade fiscal no âmbito de uma administração federal altamente descentralizada. Esse entendimento aumentou durante uma reunião, em maio de 2002, com diretores do Banco Mundial de oito grandes países em desenvolvimento: África do Sul, Brasil, China, Índia, Indonésia, México, Nigéria e Rússia. Na ocasião, o então presidente do Banco Central, Armínio Fraga, falou sobre a gestão das políticas monetária e cambial do Brasil e de como essas iniciativas complementaram a implementação da disciplina fiscal em níveis descentralizados.

Quanto à descentralização fiscal, foi bastante esclarecedora para mim uma detalhada apresentação do então secretário-executivo do Ministério da Fazenda, Amaury Bier, sobre o verdadeiro funcionamento dessas políticas no plano institucional, realizada em um seminário sobre finanças municipais, organizado naquele ano pela Caixa Econômica Federal e o Ministério da Fazenda. Essas análises também tornaram clara a necessidade de um avanço muito maior na obtenção de resultados práticos decorrentes das enormes receitas e gastos do governo.

A minha experiência com as políticas brasileiras continuou quando meu colega Joachim von Amsberg (atualmente diretor do Banco Mundial nas Filipinas) e eu nos reunimos com as equipes econômicas dos vários candidatos a presidente, bem antes das eleições de 2002 — o que se deu graças à boa relação entre o Banco Mundial e o Brasil. Encontramo-nos duas vezes com Antonio Palocci, que hoje é ministro da Fazenda, e seus colegas em seu escritório temporário em São Paulo. Essas reuniões mostraram-se inestimáveis para uma troca de idéias, especialmente porque tínhamos tido pouco contato anterior com eles.

A posse do presidente Luiz Inácio Lula da Silva, em janeiro de 2003, após oito anos de governo do presidente Fernando Henrique Cardoso, marcou uma transição democrática e estruturada. A transição se caracterizou por claras mudanças em substância e estilo, mas em termos de padrões internacionais também apresentou uma notável continuidade. A decisão do novo governo de atribuir grande ênfase à estabilidade macroeconômica surpreendeu a muitos e o mercado reagiu positivamente. Essa gestão macroeconômica foi combinada com esforços pelo progresso social, uma proposta criada internamente, que alguns chamaram de Consenso de Brasília, ao contrário do Consenso de Washington, que somente enfatizava a estabilidade econômica e a liberalização do mercado.

As expectativas da nova liderança, dentro e fora do Brasil, eram enormes. Havia a possibilidade de que o país finalmente confrontasse suas agudas desigualdades por meio de processos democráticos. Isso continua incompleto na agenda. Também havia grandes expectativas em relação à ética na política. As alegações de irregularidades no financiamento de campanhas e na obtenção de apoio no Congresso trouxeram grande desapontamento quanto a isso. Assim, a natureza dos processos parlamentares e judiciários e o intenso papel da mídia são testemunhas da maior transparência e do progresso das instituições democráticas no país.

Este livro parte da premissa de que o Brasil tem como meta a melhoria do bem-estar de seu povo, em todos os aspectos. Sob certa perspectiva é bem avançado. Se existisse uma medida de felicidade interna bruta — um conceito que o Reino do Butão adotou em sua visão do desenvolvimento — alguns colocariam o Brasil no topo da lista. Não há um modo simples de corroborar essa previsão, mas nas visitas de campo observa-se a imensa energia positiva e os sorrisos nos rostos das pessoas — nas festas juninas, no Carnaval, nos jogos de futebol, na praia, em encontros nos parques ou em meras visitas a famílias — independentemente do nível de pobreza de uma comunidade. Os brasileiros que vivem no exterior têm uma nítida preferência por voltar para o Brasil. Os estrangeiros também parecem querer continuar a viver no país e acham difícil ir embora.

Em uma recente reunião administrativa, perguntei se um membro estrangeiro do grupo estava contente com a estadia no Brasil. A interjeição de um outro funcionário, o gerente português Paulo de Sá, foi rápida: "E quem não está?"

Por enquanto não existe uma avaliação objetiva da felicidade interna bruta, embora Daniel Kahneman, Prêmio Nobel de Economia e outros tenham se esforçado recentemente para avaliar de modo adequado a satisfação das pessoas. Nenhuma das medidas adotadas com freqüência capta de modo adequado a qualidade de vida, o que dizer a satisfação das pessoas. As estimativas de receitas e de pobreza com base na renda, que é a medida mais comum, são insuficientes — às vezes de modo acentuado. Assim, enquanto buscamos outros indicadores para complementar as medidas de rendimentos, aceitamos, por razões práticas, medições de renda para avaliar o bem-estar, na maioria dos temas tratados neste livro. Porém, esses índices são ampliados pelos aspectos de qualidade. Essas dimensões se aplicam tanto aos esforços realizados, como o direcionamento dos gastos públicos, quanto aos resultados obtidos como, por exemplo, o impacto da assistência de saúde. No entanto, o ponto de partida na maioria das vezes é a renda *per capita*, o que nos leva à questão do crescimento como principal ingrediente do desenvolvimento.

Esta análise considera a geração de um maior e melhor crescimento como uma meta fundamental do Brasil. Muitos se perguntam por que o país não está crescendo com as mesmas taxas observadas na China e na Índia, ou na Ásia de modo geral. A força do Brasil repousa sobre três conjuntos de ativos: o capital humano e social, o capital físico e financeiro, e o capital natural e ambiental. As suas perspectivas surgem da possibilidade de se utilizar esse capital com maior eficiência e produtividade.

Contudo, as taxas de crescimento nos últimos 25 anos foram muito baixas devido às restrições para se produzir um crescimento mais rápido, inclusivo e sustentável — muitas das quais foram auto-impostas. Em primeiro lugar, a carga da dívida, acumulada em décadas passadas, restringe o capital físico e limita os novos investimentos. Nos últimos anos, a gestão fiscal representou um modelo de disciplina quanto à estratégia e implementação. No entanto, o peso do sistema de previdência social e a falta de flexibilidade dos regimes fiscal e de gastos públicos representam grandes e crescentes desafios.

Em segundo lugar, a profunda desigualdade de renda e seu legado de exclusão social restringiram o capital humano e limitaram o crescimento. É improvável que o simples crescimento provoque uma diferença significativa sobre a redução da pobreza, a menos que esse processo seja fortemente inclusivo.

Em terceiro lugar, o modelo de crescimento anterior se baseava nos subsídios ao capital físico, bem como na exploração dos recursos naturais sem uma adequada preocupação com a sustentabilidade. Para que o crescimento seja contínuo, sustentável e inclusivo, seria muito importante avaliar melhor a riqueza do país.

Assim, existe uma relação recíproca entre o volume de crescimento e a sua qualidade. Um crescimento mais qualificado — ou seja, mais inclusivo e sustentável — produz melhores resultados para a população, além de acelerar a taxa de crescimento.

O século XXI oferece oportunidades sem precedentes para que os países participem do crescimento e compartilhem suas recompensas. Cada um dos outros grandes países em desenvolvimento, África do Sul, China, Índia, Indonésia, México, Nigéria e Rússia, está em um ponto diferente no que tange as suas possibilidades e seus problemas e têm muitas lições para oferecer. Coincidentemente, o novo diretor do Banco Mundial para o Brasil é o sul-africano John Briscoe, que até bem pouco tempo foi conselheiro sênior de recursos hídricos para a Região do Sul da Ásia. Para o Brasil, a questão vital é se as reformas políticas e socioeconômicas serão feitas com urgência, se permanecerão fortes e como serão feitas. Reformas importantes foram realizadas nos últimos anos. Porém, se quisermos alterar o curso do progresso de forma significativa, outras serão necessárias e precisam ser realizadas com urgência.

É possível colocar em prática uma agenda ambiciosa de reformas? Por conseguinte, seria o Brasil capaz de melhorar a qualidade de vida de sua população? Creio que a resposta é sim, mas com importantes ressalvas.

A atual fase das reformas, direcionada para objetivos básicos, tais como o superávit primário, continua necessária, mas é preciso que seja complementada por uma segunda fase. Como é considerado ao longo deste livro, essa segunda fase pode ir além das metas quantitativas e se concentrar na dimensão da qualidade. Além do mais, a melhora na qualidade dos gastos públicos promove um grande processo de crescimento inclusivo. Também faz parte dessa agenda a promoção da ciência, do conhecimento e da inovação, que trazem uma grande competitividade nos investimentos e comércio globais. Investimento nos ativos naturais é outra prioridade que torna o processo de crescimento mais sustentável e ajuda o país a atingir seu potencial.

Mesmo com os desafios políticos e econômicos dos últimos anos, acredito que as vantagens comparativas do Brasil encontrariam-se entre as melhores do mundo em desenvolvimento. Essa conclusão é baseada nos ativos humanos e naturais, que são únicos, bem como nas instituições brasileiras em fortalecimento. Entretanto, ela também é fundamentalmente predicada na expediente adoção de medidas cruciais e na implementação de uma agenda de reformas econômicas e políticas urgentes.

Temas inter-relacionados

Ao chegar a esta conclusão, o primeiro capítulo enfoca a economia brasileira sob uma perspectiva global e examina as questões convencionais do crescimento, do investimento, do comércio, da estabilidade macroeconômica, da pobreza e das diferenças regionais. No entanto, esta análise traz à luz alguns temas menos convencionais e inter-relacionados (Figura 1). Esses assuntos são tratados nos demais capítulos.

O segundo capítulo aborda o *bem-estar* de todos os brasileiros. Qual é a escala das diferenças na qualidade de vida entre as pessoas em todas as regiões e municípios? Como essas diferenças variam quando consideramos medidas além da renda, levando em consideração também fatores como educação, saúde, serviços públicos, poluição, criminalidade e violência?

A análise revela diferenças surpreendentes na renda, mas também importantes ajustes quando outros fatores são incluídos. Alguns desses ajustes acentuam as diferenças monetárias, outros as reduzem. Essas disparidades e mudanças sugerem que o Brasil pode realizar o seu potencial de forma mais rápida enfatizando tanto o *crescimento* quanto sua *distribuição*. Levando-se em conta as condições especiais do país, parece essencial dar sustentação a um ambiente mais orientado para o crescimento, promovendo, ao mesmo tempo, programas bem-direcionados que visem aumentar a eqüidade.

Vinculada ao bem-estar da população está a *produtividade* do uso de todos os recursos do país, que constitui o tema do terceiro capítulo. Como os investimentos em capital físico, humano e natural afetaram o desempenho brasileiro? Qual é a contribuição especial da produtividade total dos fatores?

A situação particular do Brasil parece sugerir uma ênfase especial na *produtividade dos investimentos*. O Brasil experimentou grandes variações nos ganhos e perdas de produtividade. Isto sugere grandes disparidades na produtividade atual e, assim, também grandes possibilidades para se aumentar a produtividade. As restrições fiscais à expansão dos investimentos demandam um enfoque sobre o aumento da produtividade. Além disso, a ênfase na produtividade de todos os fatores também oferece uma oportunidade melhor para tornar o processo de crescimento mais inclusivo e com menos tendência a favorecer o capital.

O bem-estar também está relacionado à *sustentabilidade* do processo de desenvolvimento, em particular ao uso sustentável dos recursos naturais. Levando-se em conta a riqueza do Brasil em dotações naturais, o quarto capítulo indaga qual é o papel da gestão ambiental na melhoria do bem-estar da população. As perspectivas do país dependem de como serão valorizadas suas vantagens únicas, que incluem os *recursos naturais*.

Alguns podem se perguntar por que um livro sobre o desenvolvimento socioeconômico do Brasil dedica tanta atenção ao meio ambiente. Em primeiro lugar é possível que em nenhum outro país os recursos naturais representem tamanho potencial de crescimento e redução da pobreza. Investir neles em vez de destruí-los é especialmente importante para o Brasil. Em segundo lugar, a escala da riqueza natural do Brasil tem proporções globais.

Proteger esta riqueza não é apenas uma prioridade brasileira mas também global, especialmente com as crescentes evidências de mudanças climáticas, desastres naturais e epidemias relacionados à destruição ambiental e outros fatores. Terceiro, apesar de tudo isso, o meio ambiente recebe pouca atenção nas grandes discussões sobre as políticas nacionais. Este livro busca lidar com questões importantes mas relativamente negligenciadas.

Subjacente à melhoria da qualidade de vida, da produtividade e da sustentabilidade está o apoio da sociedade às mudanças e reformas necessárias. O quinto capítulo analisa a questão das *instituições e da governança*. Qual é a importância desse trabalho para as mudanças nas políticas: em que medida elas ajudam ou impedem as reformas?

Os aspectos institucionais estão intimamente relacionados à eficiência da agenda de reformas em cada uma das áreas prioritárias. Estas preocupações abarcam as arenas econômica, social e política. O Brasil tem instituições fortes em alguns aspectos e grandes lacunas a serem vencidas em outros. Por serem interconectadas, um afeta o outro. Por exemplo, as instituições ligadas ao gerenciamento fiscal, às transferências sociais e à participação da população determinam em conjunto o efeito dos programas sociais sobre a pobreza e a distribuição de renda. Essa conclusão sugere uma integração de seus fatores ao processo de reforma.

O sexto capítulo trata da *qualidade* na agenda de mudanças. Esta característica ampla emerge de cada uma das principais áreas e tem forte vínculo com as instituições. É necessário saber, entre as informações para esse processo, como o enfoque nos aspectos quantitativos — por exemplo, na magnitude do déficit fiscal — pode ser complementado pela preocupação com a qualidade, como na eficiência dos gastos. Em relação às metas quantitativas, pode a matrícula escolar ser complementada por fatores de qualidade para a obtenção de melhores resultados educacionais?

Esta preocupação poderia ser orientada por uma mudança de perspectiva da agenda, com o objetivo de enfatizar a *qualidade das reformas* necessárias. Metas de quantidade continuam a ser importantes, mas as relacionadas à qualidade fornecem informação complementar importante, mesmo que seja difícil de quantificar. Por exemplo, taxas de matrícula podem ser mais fáceis de monitorar, mas a qualidade dos retornos educacionais é mais importante já que é o resultado da aprendizagem, e não as matrículas, que contribui para o retorno aos investimentos em educação. A principal questão pode ser o modo como as instituições apóiam essa mudança de enfoque.

O sétimo capítulo reúne os principais temas, chega a algumas *conclusões* e observa algumas questões não-respondidas que ficam em aberto sobre a trajetória do Brasil e as áreas que merecem maior atenção.

Juntando-se as diversas pontas torna-se clara a interação entre as etapas-chave nas áreas social, ambiental e política. Muitas vezes é sugerido que a estabilidade econômica deve preceder o crescimento econômico, ou que ao crescimento deva preceder uma melhor distribuição de renda, ou que os investimentos nas pessoas ou no meio ambiente precisariam esperar. Certamente há contrapartidas em diversos aspectos, mas da mesma forma, também há enormes complementaridades na situação brasileira. Alguns sugerem, por exemplo, que um maior crescimento poderia vir de mais inclusão social, ou que uma maior redução na pobreza poderia vir de mais proteção ao meio ambiente.

FIGURA 1
Vínculos de qualidade entre todos os temas

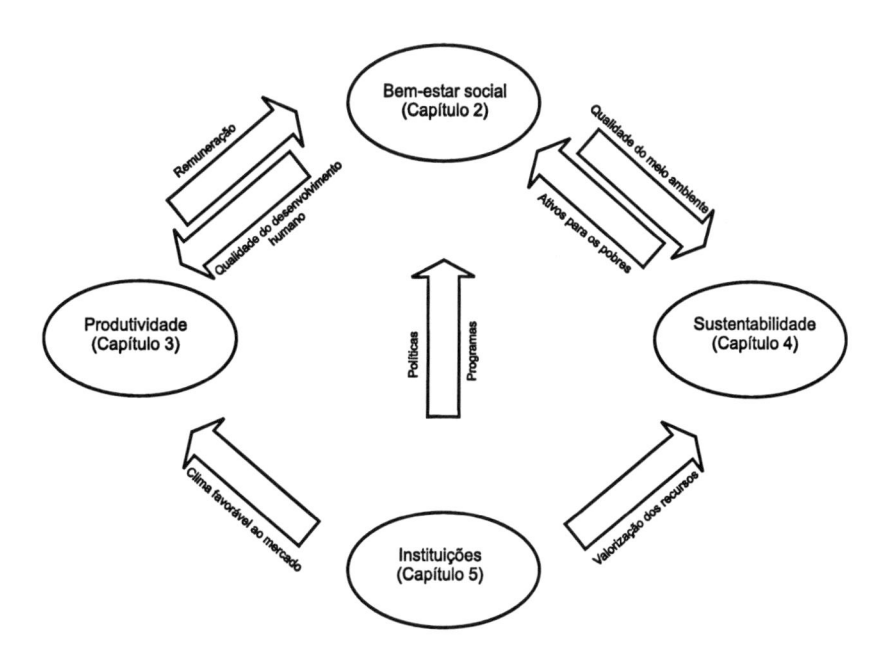

O BRASIL VISTO POR DENTRO

1
UM MUNDO DE DIFERENÇAS

O estilo brasileiro é se manter firme sem ser fanático.

Roberto DaMatta

Nenhum observador pode deixar de notar a impressionante magnitude e o porte do Brasil. O Brasil é o quinto maior país em população e dimensão territorial do mundo. Com renda média anual de US$ 3.090 (de acordo com as taxas de câmbio correntes em 2004), o país é a décima quarta maior economia (Banco Mundial, 2005b). Se a taxa de crescimento econômico de 2004 fosse mantida, o Brasil poderia se tornar uma das maiores economias mundiais em 2050, junto com a China, os Estados Unidos, a Índia e o Japão (Wilson e Purushothaman, 2003).

Em 2005, no 3º Simpósio de Pesquisa Urbana, em Brasília, a sra. Ermínia Maricato, secretária-executiva do Ministério das Cidades, mostrou a escala da urbanização brasileira. Em 1900, o Brasil tinha 17,4 milhões de habitantes, sendo que 90% viviam nas áreas rurais. Passado pouco mais de um século, a população aumentou para 180 milhões e 82% vivem agora nas cidades. A área metropolitana de São Paulo (com aproximadamente 18,3 milhões de pessoas em 2005) está entre as cinco maiores do mundo junto com Tóquio — Yokohama (35,3 milhões), a Cidade do México (19,2 milhões), Nova York — Newark (18,5 milhões) e Mumbai (18,3 milhões) (ONU, 2005). Sem contar o Brasil como um todo, a economia da região metropolitana de

São Paulo é também a segunda maior da América Latina, depois do México, e maior do que a da Argentina.

O Brasil abriga as maiores florestas tropicais, seguido pela República Democrática do Congo e a Indonésia. A extensão e a riqueza da região amazônica brasileira não têm paralelo. O Brasil, a China e a Indonésia são os três países com a maior variedade de mamíferos e pássaros do mundo (Capobianco *et all*, 2001). O Brasil também possui os maiores reservatórios de água doce, seguido pela Federação Russa. Cerca de 90% da geração de energia elétrica no país (em kwh) é hidráulica.

A própria diversidade do Brasil e suas disparidades internas também são enormes. É como se fossem vários países em um só. Essa enorme diversidade significa que o panorama muda de acordo com a perspectiva e com as lentes utilizadas. Surpresas e paradoxos se apresentam em grande número — e os pontos fortes e fracos aparecem, dependendo do aspecto ou da região. É um país de extremos, uma nação de contrastes. Consideradas em conjunto, essas diversidades nos lembram as primeiras linhas de Charles Dickens em *Um conto de duas cidades*: "Era o melhor dos tempos, era o pior dos tempos..."

> Um programa chamado Vozes Jovens, promovido pelo governo do Brasil e o Banco Mundial, facilita o estabelecimento de redes de líderes da juventude. Em uma reunião no início de 2005, os participantes — vindos dos estados do Amazonas, Bahia, Ceará, Mato Grosso do Sul, Pará, Paraná, Rio de Janeiro, Rio Grande do Norte, Rondônia e São Paulo — discutiram as enormes diferenças socioeconômicas, raciais e culturais em todo o país. Todos concordaram que essa diversidade deveria ser considerada um patrimônio se pudesse ser utilizada para aumentar a participação e a contribuição das pessoas nos programas sociais — ou "se pudermos encontrar uma maior unidade em toda esta diversidade", como afirmou um dos participantes.

Essa distinção entre pontos fortes e fracos é evidente nas grandes mudanças das tendências do crescimento ao longo de décadas. Antes dos anos 80, o ritmo do crescimento foi rápido. O fato de o Brasil ter duplicado a renda *per capita* entre 1961 e 1979, só foi ultrapassado pelos picos de crescimento posteriores nos países do Leste Asiático, especialmente a China e a Coréia do Sul. No entanto, o período iniciado em 1980 se caracterizou por um crescimento débil e pela estagnação.

Estudos que analisaram o milagre do crescimento brasileiro e seu colapso concluíram que o desempenho não se sustentou devido à natureza dos incentivos ao crescimento: proteção das importações, subvenções de capital, déficits fiscais e acumulação de dívidas (ver, por exemplo, López, 1998). Outro conjunto de estudos, que tentou compreender por que o crescimento do Brasil estagnou mais recentemente e o que poderia revitalizar o desempenho, identificou diversas áreas principais que necessitam de maior atenção para produzir crescimento a longo prazo: a qualidade da formação de capital humano, o ambiente para investimentos e inovações, além da manutenção da estabilidade macroeconômica (veja, por exemplo, Banco Mundial, 2002).

Outro paradoxo é o meio ambiente. A Amazônia abriga alguns dos mais ricos ecossistemas da Terra e o governo adotou uma política formal para proteger as florestas. No entanto, de acordo com algumas estimativas, as queimadas e o desmatamento na Amazônia e em outras florestas são responsáveis por ¾ das emissões de gás carbônico no Brasil, e faz do país um dos maiores emissores de gás carbônico do mundo. De acordo com o Ipea (2005), a causa subjacente é que os benefícios de se preservar o rico ecossistema não entram no cálculo econômico dos que têm o poder de tomar decisões sobre ele. E nenhuma região dramatiza a coexistência de riquezas e sua rápida perda como a Amazônia.

Durante a Conferência sobre Desenvolvimento Sustentável de 2002, em Johannesburgo, a gestão ambiental do estado de Mato Grosso foi citada como exemplar. Na verdade, o estado é também líder mundial em agronegócios e produção de soja, mas isso se traduziu recentemente na devastação em escala crescente de enormes áreas de florestas. Causa perplexidade ver como o estado abandou o curso de seu progresso ambiental anterior.

> Lembro-me da visita que fiz em 2004 ao belo estado de Mato Grosso. Na época, tornara-se claro que o desmatamento havia atingido um nível muito elevado, manchando o céu com nuvens de fumaça espessa provenientes do

fogo ateado às florestas por causa da agricultura de corte e queima — *impondo também um custo considerável à saúde da população*. Desde então, minha equipe e eu conversamos várias vezes sobre isso com o governador Blairo Maggi. Tendo observado o acentuado retrocesso ambiental e o avanço do agronegócio nos últimos três anos, a questão urgente em Mato Grosso (e em outros estados em diversos graus) é como ações de credibilidade para o licenciamento ambiental e o zoneamento *contra a ilegalidade* e a corrupção podem reverter esses desastrosos resultados.

As instituições constituem outra área onde são observados pontos fortes e fracos. Um influente seminário do Conselho Econômico e Social, conduzido pelo ministro Jaques Wagner, em 2004, analisou o minucioso regime de licenciamento e o processo dos controles fiscais. Ficou claro como o sistema de licenciamento é avançado no Brasil, comparado a outros países, especialmente a sua notável contribuição à gestão ambiental. Mas também ficou evidente que o sistema representava um entrave burocrático a um clima proveitoso para as empresas. Foram estabelecidas orientações claras para dinamizar o processo e reduzir esses custos. Da mesma forma, foram indicadas diretrizes para proteger ainda mais o meio ambiente. A reunião demonstrou tanto a complexidade da questão como os pontos positivos e negativos da área institucional do sistema brasileiro.

A questão principal é como toda essa diversidade, a riqueza e as diferenças podem contribuir para melhorar a vida do povo, em vez de serem subutilizadas ou perdidas; como a evolução da economia e da sociedade podem desenvolver esses pontos fortes em vez de desviar-se deles. E como ações políticas podem promover um melhor desempenho, ao invés de postergá-lo. Nesta e em outras questões, os governadores têm um papel decisivo em mostrar o caminho adiante. O restante deste capítulo trata dessas questões no âmbito das categorias normalmente examinadas em qualquer pesquisa. Partindo dessa premissa, alguns temas multissetoriais são levantados e recebem maior atenção nos outros capítulos deste livro.

O debate gira em torno da apreensão sobre os processos políticos no país. As questões de fraca governança e corrupção não são novas no Brasil nem deixam de ter paralelo em muitas outras democracias emergentes. Muito já foi escrito sobre o assunto. Também há apresentações avançadas sobre as prioridades na área da reforma política (veja, por exemplo, Reis Velloso, 2005). Este livro enfatiza que a reforma das instituições políticas é uma das medidas essenciais para um progresso duradouro no país. Mas uma análise aprofundada dessas instituições e processos vai além do escopo deste trabalho.

Modelos e tendências do crescimento

O crescimento econômico é assunto de interesse em qualquer lugar no mundo. No Brasil essa questão atrai a atenção em termos das potencialidades e das restrições que o país enfrenta. O Brasil apresentou uma das mais altas taxas de crescimento econômico na metade do século XX, perdendo somente para o Japão e a Coréia do Sul. Contudo, as crises da dívida nas décadas de 1980 e 1990 tiveram conseqüências negativas sobre o crescimento econômico do país e em toda a América Latina. Essas décadas presenciaram o retorno de um governo civil no Brasil, a nova Constituição, o estabelecimento do Plano Real e as reformas da era Fernando Henrique Cardoso entre 1995 e 2002. Mas o desempenho econômico inexpressivo das duas últimas décadas rendeu à América Latina e ao Brasil o perfil de baixo crescimento.

Nesse período, o Leste da Ásia e mais tarde o sul do continente apresentaram altas taxas de crescimento sustentado. A renda *per capita* dobrou duas vezes desde 1980 no Leste Asiático e se duplicou no sul da região desde 1985. O Brasil e a Coréia do Sul tinham aproximadamente a mesma renda *per capita* há 25 anos, e hoje a da Coréia do Sul é três vezes maior.

Entre 1990 e 2003, o crescimento *per capita* de menos de 2% ao ano do Brasil tem ficado muito atrás dos 5-6% da Índia e dos 8-10% da China (Tabela 1). Em 2004, houve um acentuado aumento, para quase 5%, no crescimento brasileiro. Existe a possibilidade real de que, a partir de 2006, o Brasil elevará o seu crescimento acima da taxa de inflação pela primeira vez nos últimos 55 anos (de acordo com os dados do IBGE). A principal questão, discutida nas seções subseqüentes, é se esse crescimento será sustentado nos próximos anos.

Tabela 1
Taxas de crescimento do PIB real em regiões e países selecionados
(média anual %)

	Anos 60	Anos 70	Anos 80	Anos 90	2000-03
América Latina e Caribe	5,2	5,6	1,7	3,0	1,2
Brasil	5,9	8,5	3,0	1,8	1,9
México	6,8	6,4	2,3	3,4	2,1
África Subsaariana	4,7	4,1	2,2	2,1	3,4
Nigéria	2,9	7,0	0,9	3,1	4,9
África do Sul	6,2	3,4	2,3	1,4	2,9
Leste Asiático e Pacífico	3,8	7,2	7,7	8,0	7,2
China	3,0	7,4	9,8	9,7	8,3
Coréia do Sul	8,3	8,3	7,3	6,3	5,6
Indonésia	3,7	7,8	6,4	4,8	4,0
Sul da Ásia	4,2	3,0	5,7	5,4	5,2
Índia	4,0	2,9	5,9	5,7	5,4
Leste Europeu e Ásia Central	ND	ND	ND	–1,7	4,7
Federação Russa	ND	ND	ND	–4,9	6,8

Fonte: Dados do Banco Mundial.

Nas discussões sobre episódios de crescimento, os países do Leste Asiático fornecem dados que são sempre utilizados em comparações. Uma grande quantidade de energia intelectual foi despendida para explicar o desempenho fenomenal do seu crescimento. As justificativas variam desde as razões mais imediatas, como o papel dos setores (manufatureiro e industrial, por exemplo) e das atividades (como o comércio) que contribuem para o investimento e a produtividade, aos aspectos mais fundamentais da sociedade, como as instituições e a cultura.

As taxas de poupança e de investimento no Leste da Ásia ultrapassaram as da América Latina durante décadas. O índice de investimento doméstico bruto da China está acima de 35% do PIB; o do Brasil se situa em 20%.

Igualmente notáveis são as diferenças no crescimento da produtividade total dos fatores (TPFG; ver o Capítulo 3). O TPFG explica um terço do crescimento durante o período de 1960 a 2000 (Banco Mundial, 1993) e é responsável pela metade do crescimento nos Estados Unidos até os anos 70 (Loayza e Calderón, 2002). O crescimento do Brasil também representou uma grande parcela do TPFG durante o seu período mais favorável, entre as décadas de 1960 e 1970, mas esse indicador foi negativo durante as duas décadas subseqüentes de baixo crescimento.

Entre as restrições a um crescimento mais rápido estão o peso dos déficits fiscais, as grandes dívidas do passado e seus pagamentos. Contribuíram principalmente para esse quadro de restrições o aumento das transferências de renda da previdência social e a rigidez orçamentária.

O Brasil tem dois principais sistemas de aposentadoria por repartição simples: um regime para os trabalhadores do setor privado e outro para os servidores públicos federais, estaduais e municipais. Durante a década de 1990, os gastos e déficits dos sistemas previdenciários aumentaram rapidamente, devido aos generosos benefícios para os funcionários públicos e a critérios indulgentes de elegibilidade estabelecidos na Constituição de 1988. O resultado disso foi um rápido aumento do déficit fiscal e da dívida pública nos anos 90. No entanto, é importante notar que a informalidade no mercado de trabalho alcança cerca de 60%, implicando que cerca de 48 milhões de pessoas não estão filiadas à previdência social (Pastore, 2005).

O alto nível da dívida brasileira deixou o país particularmente vulnerável às instabilidades financeiras internacionais da Rússia e do Leste Asiático em 1998 e 1999. O governo reagiu a essa turbulência com uma ampla reforma fiscal, especialmente com mudanças nas finanças estaduais e municipais e com a introdução de uma emenda constitucional que abriu caminho para as reformas no sistema previdenciário em 1998 e 1999 e, novamente, em 2003. Apesar dessas reformas, a contribuição do sistema previdenciário para o déficit do setor público é aproximadamente equivalente ao valor do superávit primário (o saldo fiscal excluindo os pagamentos de juros). Além disso, a rigidez orçamentária limitou as possibilidades da reforma fiscal. Todos esses fatores provocaram um impacto negativo sobre o clima de investimentos e de crescimento.

A geração de superávits primários é um componente vital no tratamento da dívida e, por isso, constitui um tópico de grande interesse no contexto da estabilização macroeconômica brasileira. Nos últimos anos, a postura fiscal do Brasil produziu resultados consistentes em termos de estabilidade e credibilidade macroeconômica. A gestão dos saldos fiscais é uma área que continua a merecer mais avaliações e análises (Quadro 1).

Quadro 1
Determinação da magnitude do superávit primário

Quanto maior for o peso da dívida, mais elevado será o seu custo potencial para a economia. Em razão disso, melhores serão as perspectivas de crescimento a longo prazo se um superávit primário maior for gerado para ajudar a pagar a dívida.

Ao mesmo tempo, contudo, um superávit primário mais elevado também envolve custos adicionais, dependendo da qualidade do ajuste fiscal, por exemplo, na medida em que acarrete tributos mais altos que gerem distorções no funcionamento da economia. Um superávit primário maior reduz os gastos hoje permitidos, entre eles o investimento público que pode reduzir as oportunidades de crescimento, mas deve-se levar em conta que uma maior poupança do governo também estabelece uma base de longo prazo para o investimento público. Quanto melhor forem a eficiência e a qualidade dos gastos públicos em termos do seu impacto no crescimento potencial, mais elevado será o custo de oportunidade da geração de um superávit primário em termos desse crescimento perdido.

A Figura 2, a seguir, ilustra esses pontos: para um determinado nível de dívida, o benefício adicional de um superávit primário mais elevado tende a aumentar, porém em ritmo mais lento, mantendo constantes os outros fatores. O nível de benefícios da geração do superávit primário se desloca para cima, de IB para IB', quando o nível da dívida é mais elevado.

O custo adicional de um superávit primário mais alto aumenta em ritmo crescente para uma determinada taxa de crescimento, *ceteris paribus*. O seu nível se desloca para cima, de IC para IC' associado a um setor público mais eficiente, quando são melhores as perspectivas de crescimento relacionadas ao gasto público. Nesse contexto, a interseção de IB e IC sugere o nível desejável do superávit primário (como parcela do PIB).

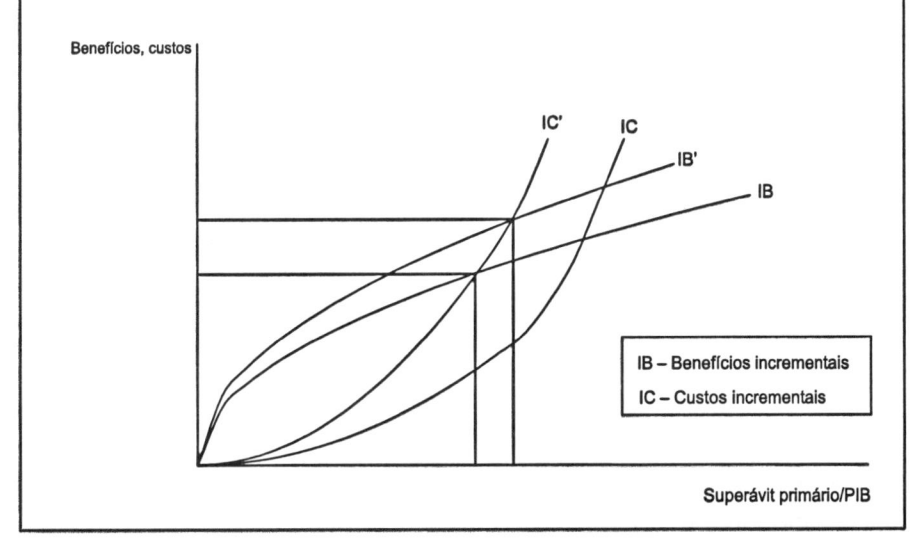

FIGURA 2
Os benefícios incrementais e os custos da política fiscal

Eixo vertical: Benefícios, custos
Curvas: IC', IC, IB', IB
Legenda: IB – Benefícios incrementais; IC – Custos incrementais
Eixo horizontal: Superávit primário/PIB

Nos últimos anos, as opções de superávits primários no Brasil têm funcionado de modo favorável, especialmente ao equilibrar a necessidade de uma melhoria acentuada na estabilidade e na credibilidade. No futuro seria útil fazer uma avaliação dessas relações, em particular do vínculo entre o superávit primário e o perfil da dívida, por um lado, e seus efeitos sobre o crescimento, por outro.

Além do nível do superávit primário, é de grande importância o modo como ele é gerado. No tocante aos gastos, o nível, composição e qualidade determinam o impacto sobre o crescimento. No âmbito das receitas, o aumento de impostos já altos provoca um efeito de redução no crescimento (Herrera e Blanco, 2004).

Não há uma resposta fácil para essas compensações entre um melhor perfil da dívida e o crescimento perdido, mas uma coisa é certa: quanto melhor a qualidade do ajuste através de despesas e impostos, menor será o preço pago pelo crescimento.

Os pilares macroeconômicos que sustentam o crescimento são complexos e vão além da estabilidade fiscal. A contenção da inflação, quando acompanhada pela valorização da taxa de câmbio e por altas taxas de juros, também impõe um custo ao crescimento, em particular às exportações. A valorização da taxa de câmbio, por meio do aumento do consumo de bens comerciáveis, atua como um imposto sobre a já reduzida taxa de poupança. A continuidade das altas taxas de juro real, como parte da estrutura de transferências monetárias para os credores, também reduz os investimentos. Nem todos os fatores que contribuem para as altas taxas de juros no Brasil são totalmente compreendidos. A taxa selic (que flutuou entre 15,5% e 26,5% durante o período entre metade de 2002 e 2005 e que era 19,75% no segundo trimestre de 2005) reflete as percepções do mercado sobre a macroeconomia, o perfil e riscos da dívida brasileira, bem como das políticas monetárias adotadas em resposta a esses fatores. As taxas bancárias estão muito mais altas, indicando a competição inadequada dos mercados, o crédito direcionado, a necessidade de elevadas reservas, as alíquotas de impostos e os riscos.

Muitas análises foram feitas sobre as causas do baixo nível de investimento e do lento crescimento da produtividade nas últimas décadas. No setor público, a escassez de investimentos está relacionada à necessidade de ajuste fiscal, bem como à composição dos gastos públicos e do aumento das despesas correntes. No setor privado, os investimentos também estão relacionados às restrições macroeconômicas, porém mais diretamente vinculados ao elevado custo dos empréstimos e às deficiências no marco regulatório que rege os investimentos, especialmente nos setores de infraestrutura e energia.

O aumento da produtividade também estabelece diversos vínculos importantes com o desempenho setorial. O crescimento a longo prazo é resultado da capacitação da força de trabalho combinada aos investimentos em inovação e conhecimento. É especialmente relevante a defasagem do Brasil em termos de Ensino Médio. A demora dos investimentos em infra-estrutura, incluindo rodovias, ferrovias e portos foi prejudicial ao crescimento. As deficiências na estrutura reguladora e os custos burocráticos também afetam negativamente o clima de negócios.

O acesso aos serviços financeiros, especialmente para os pobres, talvez seja um fator importante para o aumento da produtividade. Tradicionalmente, o Brasil conta com um forte aparato institucional. Organismos como o Banco Nacional de Desenvolvimento Econômico e Social (BNDES) dispõem de uma capacidade acima da encontrada em outros países com níveis semelhantes de desenvolvimento. No entanto, a forma como o setor financeiro público pode melhorar o acesso dos pobres a seus serviços é um tema que ainda necessita de maior atenção.

No Brasil, as finanças públicas são constituídas pela soma de um conjunto complexo de tributos especiais, em que alguns são ineficientes. Os financiamentos têm como origem os impostos vinculados e são dirigidos para setores específicos, como habitação e agricultura, com taxas subsidiadas. Esses procedimentos emergiram gradualmente e a lógica sugere que eles se situam quase certamente abaixo do ideal, sob a perspectiva de um maior e melhor crescimento econômico.

Em suma, esforços contínuos criaram um nível e uma composição muito mais favorável da dívida, o que deve permitir novos investimentos ao longo do tempo. Reformas muito mais profundas nas áreas da previdência social, no mercado de trabalho e também na tributação são muito importantes para as perspectivas de investimento e crescimento. A natureza desses ajustes macroeconômicos é vital para promover o crescimento. Buscar melhorias na distribuição de renda também é essencial. Uma distribuição de renda mais eqüitativa contribui diretamente para a estabilidade social e aumenta as chances de um crescimento sustentado, por meio da inclusão de mais pessoas nesse processo. Este é um tema evidente para um país como o Brasil, com suas enormes desigualdades.

Comércio e inovação

As áreas do comércio e da inovação refletem o vasto potencial inexplorado do Brasil. A riqueza de recursos e o nível tecnológico do país representam uma boa base para o desenvolvimento da ciência e da tecnologia, do setor manufatureiro, do agronegócio e de vários tipos de empreendimentos não-tradicionais. Estas são as áreas com grande potencial. Contudo, a participação do país no comércio internacional ainda tem espaço considerável para crescer.

Mesmo levando-se em conta o grande tamanho do Brasil e de seu mercado interno, a parcela mais recente de cerca de 30% em relação ao PIB da exportação e importação de bens e serviços é relativamente baixa, comparada à parcela de 50% na China. As exportações de bens e serviços aumentaram de 11% do PIB em 2000 para 18% em 2004. O recente desempenho do Brasil tem sido estável, com as exportações ultrapassando os US$ 100 bilhões de meados de 2004 a meados de 2005. O superávit comercial do país foi o sétimo maior do mundo em 2004. Há razões para acreditar que é possível haver uma considerável diversificação e intensificação das vendas externas nos próximos anos. Um regime comercial mais aberto favorece os interesses do Brasil, contribuindo para fazer crescer a produtividade, melhorar as perspectivas para os produtores de pequeno e médio portes, proporcionar avanços tecnológicos e aumentar o bem-estar do consumidor.

Na maioria dos países, uma maior abertura às importações e ao comércio foi acompanhada por ganhos mais elevados de produtividade, e o Brasil não é uma exceção. As importações expõem a indústria nacional a uma maior concorrência e fornecem insumos competitivos para as manufaturas domésticas resultando em melhoras na tecnologia, na produtividade e no bem-estar do consumidor. Pesquisas sugerem que a abertura comercial de 1990 no Brasil foi associada a um aumento de 6% na produtividade das empresas de certos setores.

Uma maior abertura às importações gera também a necessidade de financiamento externo de curto prazo, um fator que tem um peso determinante para os formuladores de políticas. A solução para isso é deixar que os efeitos positivos sobre a produtividade e o crescimento se intensifiquem porque, com o tempo, esses fatores compensarão largamente quaisquer restrições financeiras de curto prazo.

O Brasil tem sido mencionado pelo seu sucesso em áreas não-tradicionais, como aviação, veículos, tecnologias sem fio e biotecnologia, sem falar no agronegócio, bem como em importantes setores exportadores mais tradicionais, como o café. Existem, na verdade, muitas áreas com grande potencial para uma rápida expansão das exportações. Um dos setores óbvios é o de turismo, especialmente o ecoturismo, para se aproveitar as vantagens do potencial e da margem de superioridade do país em recursos naturais. Nenhum outro país pode competir com o Brasil em termos de riqueza e de atrações, como a vasta extensão de suas áreas costeiras e praias, a quantidade e variedade regional de seus parques nacionais, seu ecossistema e diversidade, o número de cidades históricas e a riqueza de culturas, arte e música.

> Qualquer pessoa que assista às apresentações sobre música brasileira que o ministro da Cultura, Gilberto Gil, faz para os interesses empresariais no exterior ficaria impressionada com as perspectivas de negócios do turismo cultural e do ecoturismo. A idéia de que o Brasil deveria fazer muito mais para promover essas áreas no exterior parece ter sido abertamente aceita pelos empresários.

Países bem menores da Ásia (Tailândia, por exemplo), da Europa (Grécia, entre outros) e da América Latina (como a Costa Rica) faturam muito mais (em percentagem do PIB) com o turismo. A economia brasileira é aproximadamente 30 vezes maior do que a da Costa Rica e corresponde a aproximadamente 3,5 vezes a da Tailândia, mas a receita de turismo internacional da Costa Rica corresponde à metade da receita brasileira, e a da Tailândia é quatro vezes maior que a do Brasil (2003). Os dados sobre o potencial do país nesta e em outras áreas são convincentes — o que parece faltar é a implementação de boas idéias.

Os investimentos estrangeiros diretos geram ganhos dinâmicos ao propiciar avanços na tecnologia e nas inovações. Os retornos são especialmente altos quando esse investimento é dirigido às exportações que dependem de tecnologia de ponta. No entanto, as mesmas restrições ao investimento doméstico, decorrentes do clima de negócios, também se aplicam ao capital estrangeiro, algo que é reconhecido na atual agenda de reformas.

As iniciativas estaduais também são importantes. Bahia, Minas Gerais e Rio de Janeiro, entre outros estados, mostram como criar um círculo virtuoso para um bom ambiente de negócios, fluxos crescentes de capital, geração de emprego, além de confiança e apoio para mais investimentos.

> Em um evento no Rio de Janeiro, promovido pelo empresário Olavo Monteiro de Carvalho, atual presidente da Associação Comercial do Rio de Janeiro, dezenas de outros importantes representantes do setor privado discutiram a vitalidade e os problemas do Rio de Janeiro e do Brasil. Os pontos fortes e problemas do estado são uma mescla de questões convencionais e não-convencionais, que tem poucos paralelos em outras partes do mundo. Assim, a abordagem necessária também precisa ter uma grande proporção de abordagens não-tradicionais. Nesse contexto, a acuidade empresarial desses dirigentes era evidente, assim como o seu reconhecimento das prioridades sociais.

Apesar das previsões de reversão das perspectivas, o Rio de Janeiro passou a ocupar o segundo lugar em renda *per capita* no Brasil (depois do Distrito Federal). Em 2004, o estado obteve um recorde de investimentos da ordem de US$ 16,7 bilhões e um aumento de 84% em novos postos de trabalho formal. Durante o período de 1994 a 2004, a economia do Rio de Janeiro se expandiu em 32%, ante 26% do Brasil, e a sua indústria teve uma expansão de 49%, enquanto a do Brasil cresceu 26%. A indústria petroquímica representou uma participação importante nesse crescimento, assim como o setor farmacêutico, de ferro e aço, de cimento, além de outros. Uma maior abertura comercial e o aumento da transferência de tecnologia ajudariam ainda mais esse processo.

É tentador pensar que as subvenções de capital estimulam o comércio e o crescimento. Entretanto, apesar da evidência que questiona a sua eficácia, o Brasil fornece um volume considerável de subsídios — estimados em cerca de 5% do PIB, ou 20% do orçamento federal (Calmon, 2003). Mais da metade desses subsídios vai para a indústria, o que provoca um polêmico impacto sobre a produtividade. Por outro lado, os financiamentos para o setor social são pequenos e aqueles para o meio ambiente são inexistentes — ambos mais justificáveis, devido às externalidades positivas, do que as subvenções à indústria.

O Brasil é o maior produtor e exportador de produtos agrícolas, mas esta é uma área com considerável potencial ainda não concretizado. Os seus centros de excelência em pesquisa agrícola e genética oferecem uma valiosa oportunidade de liderança nos setores de alto crescimento, agregando valor às abundantes exportações de produtos primários do país. Organizações como a Embrapa e o Projeto Genoma têm posição de destaque mundial e deveriam fazer parte da moderna estratégia de crescimento do Brasil.

Outra oportunidade promissora de crescimento é a abundante biodiversidade brasileira. O Mecanismo de Desenvolvimento Limpo do Protocolo de Kyoto promove a troca de créditos de carbono por reflorestamento. O Brasil deve continuar a estabelecer alianças internacionais que busquem procedimentos semelhantes para pagar pela proteção e uso sustentável de sua riqueza ecológica. O progresso no desenvolvimento desses mecanismos tem sido lento, mas poderia ser acelerado. Novas propostas estão emergindo dos projetos de biocarbono e muitas delas se baseiam em expectativas de reflorestamento, para as quais poucos países possuem tanto potencial quanto o Brasil.

Se o Brasil continuar a exaurir a sua herança amazônica no ritmo atual, estará prejudicando as suas próprias perspectivas de crescimento econômico. A solução não está em simplesmente criar maiores unidades de conservação, mas em inserir ativamente a biodiversidade no cenário produtivo e investir em pesquisa e desenvolvimento, com o objetivo de maximizar o uso sustentável dos recursos brasileiros para a criação de riqueza a longo prazo, incluindo a utilização de transferências internacionais que reflitam os bens públicos globais.

Estabilidade macroeconômica

A disciplina fiscal é essencial em todos os países. No entanto, a geração de superávits primários é de especial interesse no contexto brasileiro, para se alcançar a estabilização macroeconômica, com sua importante contribuição à gestão da dívida e seus conseqüentes efeitos sobre o investimento e o crescimento.

Estudos mostram que as origens da elevada dívida brasileira têm suas raízes nas estratégias de desenvolvimento que utilizaram substituição de importações, subvenções de capital, crédito direcionado e excesso de empréstimos para cobrir os déficits fiscais. As crises da dívida dos 80 e 90 neutralizaram e até mesmo reverteram décadas de progresso.

Comparado a outros países em desenvolvimento, o Brasil se situa na metade superior em termos dos indicadores dívida/PIB e déficits fiscais/PIB. Outras grandes economias, como a indiana e a turca, ocupam posições mais elevadas na escala desses índices macroeconômicos, mas o Brasil se situa na extremidade superior em termos de custo dos empréstimos para financiar déficits e do pagamento do serviço da dívida como parcela do PIB devido às altas taxas de juros pagas pelo país.

Em 2003, a relação dívida/PIB da Índia era mais alta — 85% comparados a 58% do Brasil (lembrando que há diferenças na definição, por exemplo, o Brasil utiliza a definição de dívida líquida). No entanto, o serviço da dívida externa da Índia, como parcela das exportações, foi muito mais baixo, de 13% em relação a 29% do Brasil. A relação dívida pública/PIB da China era mais baixa (25%) e o serviço da dívida externa como parcela das exportações se situava ainda mais abaixo (6%) (Tabela 2). O déficit fiscal geral da Índia também era duas vezes maior (11%) que o do Brasil (5,3%) em 2003. O Brasil precisou produzir um superávit primário de 4,3% nesse ano, devido à maior carga do serviço de sua dívida externa, enquanto a Índia e a China tiveram déficits primários.

Tabela 2
Comparação de dívidas e déficits: Brasil, China e Índia

	Brasil	China	Índia
Dívida do setor público (% do PIB, 2003)	58%	25%[1]	85%
Serviço da dívida externa (% das exportações, 2002)	29%	6%	13%[2]
Reserva monetária internacional (% da dívida externa, 2002)	16%	127%	47%
Déficit/superávit (% do PIB, 2002-03)			
Primário	4,3%	−1,7%	−4,7%
Pagamento de juros	−9,6%	−1,3%	−6,3%
Total	−5,3%	−3,0%	−11,0%

1. A estimativa da dívida pública chinesa não inclui os passivos contingentes das empresas e dos bancos estatais.
2. O baixo serviço da dívida indiana se deve em parte aos financiamentos com juros baixos.
Fonte: Dados do Banco Mundial.

A melhoria no desempenho fiscal do Brasil, com o objetivo de gerar superávits primários mais elevados, contribuiu para a redução da dívida líquida do país como um percentual do PIB, alcançando 51-52% no final de 2004 (Figura 3) e início de 2005. O perfil da dívida pública também melhorou com a parte da dívida interna atrelada ao câmbio caindo de cerca de 40% em 2002 para 13% no final de 2004, e a parcela atrelada a juros fixos aumentando para cerca de 20% (Santos, 2005). Isto foi acompanhado por uma acentuada redução nos *spreads* dos empréstimos externos de mais de dois mil pontos-base em 2002, para menos de 400 no terceiro trimestre de 2005.

FIGURA 3
Dívida líquida do setor público e superávit primário (% do PIB)

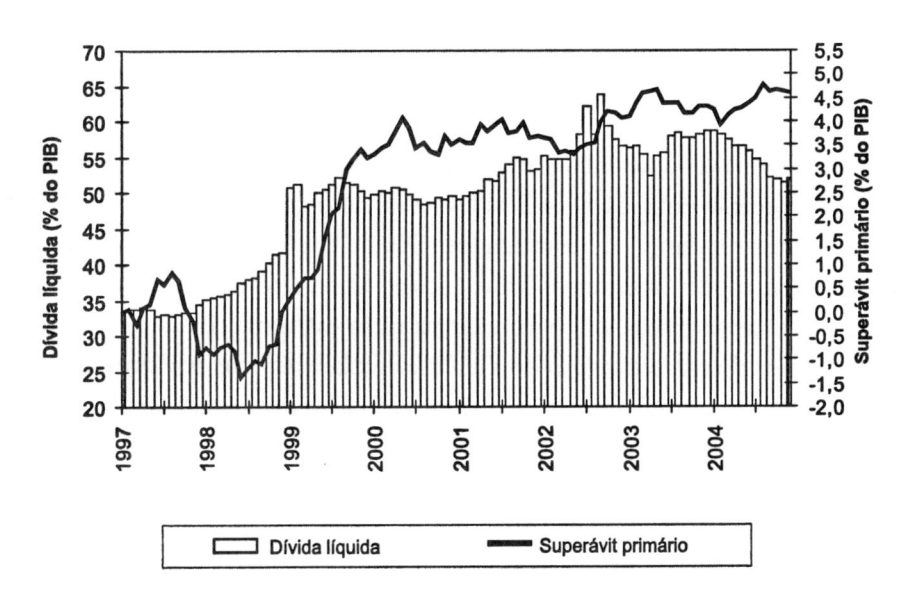

Fonte: Dados do Banco Central.

Desde 1998, o Brasil vem operando no âmbito de um acordo emergencial com o Fundo Monetário Internacional (FMI), que disponibilizou US$ 80 bilhões para o país. No final de março de 2005, na época da renovação do acordo, o montante sacado era de US$ 58 bilhões e o saldo devedor de US$ 26 bilhões. Como marco do sucesso dos esforços de estabilização, foram acumulados mais de US$ 10 bilhões em reservas internacionais de janeiro a meados de março de 2005, de forma que as reservas brutas se mantiveram em US$ 62 bilhões e as líquidas (incluindo as reservas do FMI) em US$ 40 bilhões. Conseqüentemente, o governo decidiu não renovar o acordo.

Embora tenham sido levantadas argumentações sensatas a favor e contra essa decisão, os mercados reagiram favoravelmente. Muitos viram nesse gesto uma expressão da força do ajuste e da credibilidade gerada pela intenção do governo em manter a estabilidade. Os países que atingiram a classificação do grau de investimento (que é um objetivo do Brasil no curto prazo) somente o fizeram depois de terem se afastado dos programas do FMI.

Contudo, a persistente necessidade de um sólido desempenho fiscal também limitou os novos investimentos do governo. Com uma relação entre arrecadação fiscal e o PIB de 36%, que está entre as mais altas do mundo, existe claramente um estímulo à eficiência das finanças públicas e aos ganhos de produtividade para gerar crescimento econômico.

Uma das áreas que necessita de aperfeiçoamento é a rigidez orçamentária, que decorre por um lado do alto grau de vinculação legal e constitucional das receitas e, por outro, das despesas legais e obrigatórias — sendo que há sobreposição entre as duas. Isso leva a um alto grau de inflexibilidade nas respostas às mudanças de prioridades. Outra área é a qualidade e o alcance dos gastos, especialmente nas áreas sociais. Uma terceira área são os retornos dos investimentos, em particular na infra-estrutura. Essas questões foram o tema de um seminário do FMI na Escola Nacional de Administração Pública (Enap), em 2005, que analisou o impacto dos investimentos públicos sobre o crescimento e a estabilidade. Por fim, a continuação das reformas previdenciária, tributária e trabalhista torna-se essencial para o melhor aproveitamento dos recursos disponíveis. Essas melhorias decorrentes determinarão em grande parte se o Brasil evitará graves problemas fiscais e de endividamento, e gerará altas taxas de crescimento.

> No Brasil, a história recente das reformas fiscal e monetária é complexa — e eu tive a sorte de ouvir um tratado informal sobre esse tema de Murilo Portugal, ex-diretor-executivo do Brasil no FMI e atualmente secretário-executivo do Ministério da Fazenda, durante um de meus primeiros longos vôos que peguei de São Paulo a Washington. A implementação da Lei de Responsabilidade Fiscal desde 2000, caracterizada pela estrita adesão às metas fiscais,

é uma das principais razões do alto desempenho fiscal dos últimos anos, ele observou. Houve um expressivo avanço na implementação dessa lei nos níveis federal, estadual e municipal. O próximo desafio seria ultrapassar esse sucesso quantitativo e crescer ainda mais qualitativamente, com o objetivo de obter maior eficiência e produtividade.

A relevância do fortalecimento institucional emerge em todos os casos. Historicamente, o Brasil dispõe de sólidos órgãos públicos federais de planejamento e finanças, além de contar com legislação e instituições democráticas.

Entretanto, a experiência com as reformas está repleta de exemplos de inflexibilidade e rigidez que desaceleram seu progresso. A implementação das reformas tem sido difícil, mesmo para um novo governo muito popular nos dois primeiros anos de sua administração. Por um lado, isso se deveu ao fato de que iniciativas anteriores foram incorporadas à Constituição, tornando-as difíceis de alterar e, por outro, resultou do impasse nos processos políticos. Esses fatos sugerem que algum tipo de reforma política é um ingrediente necessário para uma moderna estratégia de crescimento no Brasil. A tirania do *status quo* não é um problema exclusivo do Brasil, mas pode ser mais nefasta ao crescimento econômico aqui do que em qualquer outro lugar.

Incidência da pobreza

A preocupação com a pobreza está presente em todo o mundo em desenvolvimento, mas no Brasil ela tem um significado especial. Os altos índices de carência de renda nos países decorrem não somente de rendimentos médios baixos, mas também da má distribuição de renda. No Brasil, o índice de pobreza é relativamente alto em relação ao rendimento médio, devido ao efeito causado por uma distribuição de renda desfavorável.

A renda média do país é 5 vezes maior que a da Índia e cerca de 2,5 vezes mais elevada que a da China, de acordo com as taxas de câmbio do dólar americano em 2004. Em termos mais comparativos de paridade de poder de compra, a renda média brasileira é cerca de 2,5 vezes maior que a da Índia e cerca de 1,5 vez a da China (Banco Mundial, 2005b). Apesar da renda média muito mais alta, o Brasil ainda tem uma parcela desproporcional (em relação a sua renda) de sua população vivendo na pobreza.

As estimativas variam dependendo da linha de pobreza e da medida de renda escolhidas, mas a gama de projeções é particularmente ampla no Brasil, comparada à de outros grandes países. As medidas de linha de pobreza utilizadas nas comparações internacionais, por exemplo, de um dólar por dia, situam a incidência de pobreza em 8% a 13% — enquanto estimativas nacionais variam de 20% a 40% por volta do ano 2000. As comparações entre os países são muito difíceis, mas de acordo com uma medida internacional, em torno do ano de 2000, sugere que aproximadamente 16% dos chineses viviam na pobreza, assim como aproximadamente 35% dos indianos (Banco Mundial 2005b). As estimativas nacionais para esses países também variam bastante — curiosamente, elas são mais altas do que as estimativas internacionais para o Brasil e mais baixas do que as internacionais na China e na Índia. Os respectivos números absolutos de pessoas vivendo nessa situação são mais altos na China e na Índia do que no Brasil, porque a população desses países é muito maior do que a brasileira.

Existe um vínculo direto entre o meio ambiente e a carência. Na região Norte e em partes do Nordeste, os recursos naturais representam uma proporção muito mais alta dos bens dos pobres do que dos ricos. O desmatamento descontrolado, a erosão do solo e a poluição das águas retiram dos pobres suas fontes de renda. A degradação urbana também afeta desproporcionalmente os pobres. O abastecimento inadequado de água e esgoto, em particular, produz um grave impacto negativo sobre a saúde dos pobres.

Da mesma forma que as medidas de pobreza variam, o mesmo ocorre com as avaliações do bem-estar social. Tanto os estudos de pequena escala quanto outros mais agregados mostram um franco progresso no desenvolvimento humano. No entanto, existem ainda análises que indicam persistentes atrasos na inclusão social e taxas crescentes de criminalidade e violência. Os pobres continuam a enfrentar custos desproporcionalmente mais altos para o seu sustento, acima dos limites captados pelos hiatos de renda. O segundo capítulo analisa essas diferenças.

Na década de 1990, reformadores chocados com a defasagem do Brasil em termos de progresso social, deram impulso a uma agenda que resultou na obtenção de avanços quantitativos em educação e saúde básica. Hoje, o

Brasil está partindo do sucesso do Fundo de Manutenção e Desenvolvimento do Ensino Fundamental e de Valorização do Magistério (Fundef) para expandir seu impacto a outros níveis além do fundamental, por meio do estabelecimento de um marco regulatório para o financiamento da educação estadual e municipal, alinhando, de modo transparente, a disponibilidade de recursos e as necessidades. No setor de saúde, o Qualisus lança mão dos resultados positivos do Vigisus (ambos são programas nacionais de saúde) e aplica essa abordagem aos serviços do Programa Saúde da Família. Ainda há o Bolsa Família, lançado em 2003, que combina quatro programas para fornecer transferências em dinheiro a famílias pobres, condicionadas à freqüência escolar, vacinação dos filhos e visitas aos postos de saúde para atendimento pré-natal.

Diversidade regional

Todos os grandes países apresentam importantes diversidades regionais e o Brasil não é uma exceção: existe uma assombrosa variedade de recursos e diferenças regionais. Poucas nações contam com uma diversidade com tantas riquezas e tanto potencial, ou disparidades tão significativas no padrão de vida. As diferenças de renda são mais profundas entre o Nordeste, que abriga um terço dos habitantes do país, e o Sudeste, com metade de sua população, especialmente entre o Nordeste rural e a área urbana do Sudeste.

As disparidades de renda monetária são impressionantes. Contudo, as desigualdades na qualidade de vida estão muito acima daquelas sugeridas apenas pelas medidas de renda monetária. A incorporação das diferenças no custo de vida, que são grandes em todas as regiões, bem como entre as áreas urbanas e rurais, reduz as disparidades observadas na renda monetária (Thomas, 1982). O mesmo ocorre se levarmos em conta a renda não-monetária, que representa uma parcela maior dos rendimentos totais nas áreas rurais. Uma estimativa de 1999 mostra as implicações de se derivar linhas de pobreza diferentes, por exemplo, entre Fortaleza e São Paulo (Sônia Rocha, 1997). Não obstante esses ajustes, as diferenças regionais, urbanas e rurais do Brasil, em termos reais, continuam a ser as maiores do mundo.

O Norte (a região amazônica), com 15% da população, mostra alguns dos paradoxos nas comparações da qualidade de vida. A renda média nessa região corresponde a 60% da média brasileira. O índice de desenvolvimento humano é, da mesma forma, sistematicamente mais baixo. Ainda assim, essa região possui uma enorme riqueza natural, que deve ser utilizada de modo sustentável para elevar a renda e melhorar o padrão de vida de seus habitantes.

A riqueza natural do Brasil é um reservatório que serve não somente para proteger as diversas formas de vida e de ecossistemas, mas também para apoiar o crescimento econômico e a redução da pobreza. Tanto a riqueza de seus recursos naturais quanto a rapidez com que estão se perdendo variam tremendamente. A inigualável Mata Atlântica quase desapareceu. Os níveis de desmatamento na Amazônia normalmente se aproximam dos pontos mais elevados, tendo aumentado para 23.260 km² em 2001/2002, 23.750 km² em 2002/2003 (uma área quase do tamanho da Bélgica) e cerca de 26.000 km² em 2003/2004, sugerindo que as taxas aumentaram aceleradamente durante três anos consecutivos. Esses e outros sistemas ecológicos, como os biomas da caatinga (o ecossistema semi-árido do Nordeste) e do cerrado (o planalto central do Brasil, coberto por arvoredos, savanas, pastagens e florestas) são especialmente importantes para os pobres. A proteção dessas áreas requer zoneamento ecológico, inclusive a criação de mais unidades de conservação.

Os estados da fronteira agrícola do Mato Grosso, Rondônia e Pará foram responsáveis pela maior parte do desmatamento em 2004. Restringir o acesso ao interior, ao mesmo tempo promovendo o uso sustentável das áreas com cobertura florestal, é essencial para evitar os danos ainda tão pouco compreendidos e irreversíveis, que impedem a realização de futuras opções. Um cenário possível prevê que metade da área da Amazônia seja posta em algum regime de proteção.

A posse da terra é fundamental, particularmente na precária economia agrícola do Nordeste. Modelos viáveis, como o Crédito Fundiário, por exemplo, deveriam ser expandidos, embora seja necessária uma avaliação mais completa de seu impacto. Os modelos bem-sucedidos de gestão comunitária de microbacias, como os desenvolvidos no Paraná, Rio Grande do Sul e em Santa Catarina, precisam ser replicados ou adaptados em outros lugares, especialmente no Nordeste.

A diversidade brasileira também se manifesta na descentralização política. O Brasil é comprovadamente o país em desenvolvimento mais descentralizado do mundo, com aproximadamente ¹/₃ dos gastos públicos despendido em cada um dos principais níveis de governo — federal, estadual e municipal. A verdadeira natureza da contribuição da descentralização do governo à qualidade de vida é uma questão que merece um estudo mais aprofundado.

As iniciativas para melhorar o crescimento e a qualidade de vida devem abordar os impactos do federalismo, da democracia e da descentralização. Os três períodos de elevado crescimento no século XX — o Estado Novo (1937/1945), o Plano de Metas (1956/1961) e os anos do milagre econômico (1966/1976) — ocorreram, em sua maior parte, sob regimes centralizados. Alguns se perguntam se o atual sistema mais democrático e descentralizado alcançará resultados semelhantes e melhores em qualidade. A mesma indagação é feita em relação a diversos países do Leste Asiático, que cresceram rapidamente sob regimes ditatoriais. A resposta a essa questão é que, para cada regime ditatorial que gerou um alto crescimento, existem muitos outros (no Leste da Ásia e em outros locais) onde isso não ocorreu. Além disso, a subseqüente liberalização política em muitos desses países foi acompanhada pela continuidade do crescimento. A partir desta perspectiva global, as ditaduras e a centralização não parecem necessárias nem suficientes para a geração de crescimento com qualidade.

As considerações sobre economia política sugerem que, para que os sistemas descentralizados funcionem de modo eficiente, o poder de tributação e a responsabilidade sobre os gastos devem estar equilibrados em cada nível do sistema. Muitos analistas identificaram o regime tributário brasileiro como um fator que impede o crescimento. De fato, o sistema fiscal no Brasil parece ser ainda mais difícil de ser alterado do que o das despesas.

* * *

Estabilidade macroeconômica, crescimento e vantagens dinâmicas do comércio, pobreza e diferenças regionais: estes são alguns dos temas abordados na maioria das análises sobre a economia brasileira. Ao considerar essas questões, notamos a grande diversidade e a riqueza da economia e da sociedade brasileira. Essa diversidade serve de apoio, mas ela não traz automaticamente benefícios para o bem-estar da população. A eficiência é um fenômeno de maior complexidade, que depende de uma combinação de reformas que a sociedade deve implementar.

Um dado que emerge claramente é como a situação do Brasil difere de algumas das outras grandes economias em transição e desenvolvimento, como a China, a Índia e a Federação Russa. No entanto, existem pontos em comum. Um deles é o interesse pela qualidade de vida das pessoas, especialmente suas diferenças entre regiões e classes de pessoas, tema que permeia todas as outras preocupações. Trataremos agora desse assunto por ser uma questão determinante para o Brasil

2
BEM-ESTAR SOCIAL

Acho que a pobreza aqui é algo que começa quando se nasce. Algumas pessoas não têm sorte desde o dia em que nasceram. Elas nunca irão a lugar nenhum no mundo.

"Uma mulher pobre, Brasil", 1995. *Vozes dos pobres.*

Ministros e centenas de prefeitos se reuniram no Palácio do Planalto, em janeiro de 2005, para o lançamento da Rede Pública de Fiscalização da Bolsa Família, mais de um ano após o lançamento desse programa de transferência de renda condicional. Depois de uma série de discursos, o presidente Lula se dirigiu ao público com algumas observações improvisadas. "Por que", perguntou ele, "quando construímos uma estrada ou uma barragem gastando milhões de reais, é considerado um investimento? Mas quando gastamos com educação e saúde para o futuro do povo, isso não é?". O presidente prosseguiu sugerindo que, quando os programas sociais gastam adequadamente visando o futuro da população, eles são de fato um investimento. "O Bolsa Família transfere renda para reduzir a pobreza hoje e, ao mesmo tempo, vincula essas despesas à educação e saúde básicas das famílias para combater a pobreza amanhã", concluiu.

Outros países também estão buscando meios eficientes de complementar os processos de crescimento com políticas sociais. As viagens do presidente pelo mundo aumentaram o interesse na comparação de experiências. Durante as visitas a China e a Índia (que eu acompanhei), a equipe brasileira pôde confrontar as mudanças econômicas e sociais ocorridas nesses países com as do Brasil. Na Índia, o governador do Paraná, Roberto Requião, e do Mato Grosso do Sul, José Orcílio Miranda (conhecido como Zeca do PT), notaram as diferenças no contexto brasileiro e indiano e também perceberam semelhanças nos desafios.

É notório que a distribuição de renda na China e na Índia é melhor do que no Brasil. No entanto, a abordagem dos programas de transferência de renda condicional pareceu mais eficiente do que as políticas de subsídios de preços e de distribuição de alimentos nesses países e em outros, como o Egito — talvez o bastante para transformar o fatalismo de muitos pobres no Brasil em esperança de um futuro melhor.

Existe uma vasta e crescente literatura sobre a natureza e os atributos da qualidade de vida. O conceito permeia qualquer discussão sobre as políticas socioeconômicas de um país. Este capítulo tem como objetivo não tanto aprofundar a nossa compreensão desse conceito, mas explorar em um contexto comum alguns dos principais atributos do bem-estar social. São consideradas em particular as disparidades na qualidade de vida e mostrados exemplos de como o bem-estar (e suas diferenças) é visto pelas pessoas e de como parece ser importante a implementação de políticas.

Desigualdades no Brasil

Poucas questões têm dominado as comparações internacionais do Brasil como suas desigualdades. São crescentes os estudos e seminários sobre o assunto, embora Albert Fishlow, da Universidade de Columbia, tenha mostrado anteriormente a deterioração da desigualdade na década de 1960 e Carlos Langoni, da Fundação Getulio Vargas, continuou com as perspectivas subseqüentes sobre a natureza da desigualdade. Em 2003, um seminário organizado pelo Ipea reuniu as opiniões de Francisco Ferreira, brasileiro diretor do Banco Mundial do Relatório de Desenvolvimento Mundial 2006, de Marcos Lisboa, ex-secretário de Política Econômica do Ministério da Fazenda, de José Alexandre Scheinkman, professor da Universidade de Princeton, bem como de outros especialistas, sobre a enorme diferença da situação da desigualdade no Brasil em relação a de outros países e que instrumentos de políticas estão disponíveis aos formuladores brasileiros.

A América Latina é a região com a maior desigualdade do mundo e entre os países que a compõem o Brasil é o mais desigual (Figura 4). Mesmo sendo o país mais eqüitativo da América Latina, o Uruguai apresenta mais disparidades do que o país menos igualitário da Organização para Cooperação e Desenvolvimento Econômico (OECD), do Leste Europeu e da maior parte da Ásia.

FIGURA 4
Distribuição da renda familiar *per capita* em regiões selecionadas, nos anos 90

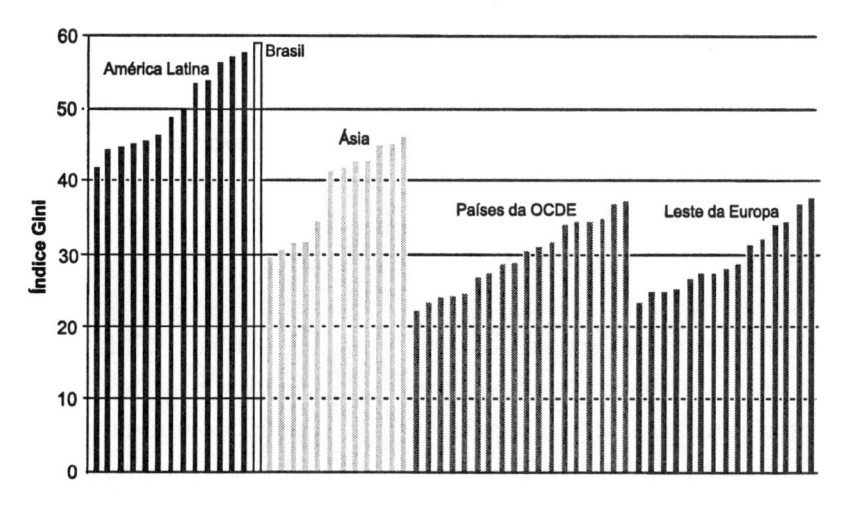

Fonte: De Ferranti, Perry *et all*, 2003b.

Em termos de distribuição de renda, o Brasil situa-se entre os dez mais desiguais do mundo. Noventa e seis por cento da população mundial vive em países onde a renda é mais bem dividida do que no Brasil. O coeficiente de Gini da desigualdade no país é de cerca de 0,59, comparado a cerca de 0,45 na China e cerca de 0,33 na Índia (quanto mais baixo o índice mais eqüitativa é a distribuição de renda). Os 20% situados na faixa superior da distribuição de renda no Brasil detêm 64% da renda total, comparado a 50% na China e 42% na Índia, enquanto os 20% na faixa inferior no Brasil detêm apenas 2%, em relação a 5% na China e 9% na Índia (Banco Mundial, 2005b)

Um recente estudo (Banco Mundial, 2003a) complementou a conclusão de outras análises sobre os fatores que explicam esse fenômeno. As três razões fundamentais são as transferências públicas relativamente regressivas, a desigualdade na educação e a grande disparidade na remuneração de trabalhadores qualificados. Da diferença de 0,18 ponto entre o coeficiente de Gini do Brasil e dos Estados Unidos, 39% correspondem à natureza mais regressiva das transferências públicas de renda, 29% à maior desigualdade na educação e 32% às disparidades dos salários decorrentes dos vários níveis de capacitação profissional.

Nas duas últimas décadas, o Brasil fez progressos em termos de igualdade de oportunidades. Bourguignon, Ferreira e Menéndez (2002) concluíram que a parcela da desigualdade de oportunidades em relação ao total vem decrescendo. O resultado disso foi que a disparidade entre a geração mais jovem começou a diminuir. Se o Brasil continuar a fazer esforços nesta direção, obterá os benefícios de um crescimento mais igualitário no futuro.

Visão geral das diferenças no Brasil

O Brasil é um país extenso, com grandes diferenças na qualidade de vida em todas as suas regiões, estados e entre as áreas urbanas e rurais. O país tem nichos de riqueza semelhantes às áreas mais abastadas do mundo industrializado e bolsões de pobreza, como os encontrados nas áreas mais pobres do mundo em desenvolvimento. A renda média na região Nordeste corresponde a cerca de ¹/₃ da registrada no Sudeste e, são impressionantes as disparidades entre as áreas rurais do Nordeste e urbanas do Sudeste. Não haveria diferenças significativas na desigualdade no Brasil se o Nordeste fosse excluído dos cálculos, o que sugere níveis comparáveis de desigualdade no Nordeste e no Sudeste.

Existem também grandes diferenças dentro dos estados. Por exemplo, em termos de indicadores de pobreza e de Índice de Desenvolvimento Humano (IDH), Minas Gerais ocupa o décimo lugar no país. Dentro do estado, estima-se que as taxas de pobreza sejam quatro a cinco vezes maiores em algumas das regiões do norte do estado do que no Triângulo Mineiro. O IDH varia de um baixo 0,45 no município de Setubinha, no norte, a um relativamente alto 0,85 em Belo Horizonte.

No entanto, as projeções baseadas na renda monetária não contam uma história completa ou exata. Alguns fatores adicionais reduzem a extensão das desigualdades reais enquanto outros as ampliam. No Brasil, a disparidade aumenta quando a educação, a assistência de saúde e outros serviços públicos básicos são incluídos nos cálculos da renda. A provisão dessas necessidades básicas para os grupos de menor renda não tem sido historicamente um dos pontos fortes do Brasil, mas nos últimos 20 anos foram observadas melhoras acentuadas em relação ao restante do mundo em termos de acesso aos serviços básicos. Os indicadores sociais de mortalidade infantil e expectativa de vida têm convergido para o conjunto da população e em todas as regiões. Todavia, é mais difícil analisar o aumento da qualidade dos serviços.

> As lideranças econômicas do país viram a importância de se compreender o progresso e as disparidades sociais. O ex-ministro da Fazenda, Pedro Malan, apontava ao Banco Mundial a importância de se considerar as grandes diferenças em todo o país. O mesmo ponto de vista foi compartilhado pelo presidente do Banco Central, Henrique Meirelles, em um debate sobre questões socioeconômicas para o qual alguns de meus colegas e eu fomos convidados. Meus colegas do setor de meio ambiente tiveram a grata surpresa de ver o forte interesse pelas questões ambientais e sua relação com a pobreza expressas pelo líder financeiro do país.

Contudo, outros aspectos sugerem que as verdadeiras desigualdades são muito maiores do que as registradas somente pela renda. Embora alguns indicadores sociais estejam melhorando, é comum observar que os pobres aguardam em filas cada vez maiores para obter qualquer tipo de serviço de saúde, e que a qualidade dessa assistência é inferior àquela oferecida à camada mais rica da população. De modo geral, para os pobres o custo de serviços básicos de qualidade semelhante parece ser muito mais elevado.

A criminalidade e a violência, a falta de diversão, o impacto da poluição e a degradação do meio ambiente tendem a afetar os pobres de modo desproporcional (Quadro 2).

Quadro 2
Diferenças na qualidade de vida

É alto o grau de desigualdade de renda monetária no Brasil, como indica o coeficiente de Gini de aproximadamente 0,59. A estimativa das diferenças no consumo são normalmente menores do que as de renda. Além disso, a qualidade de vida abrange outras dimensões tais como educação, saúde, serviços públicos e também criminalidade, violência e poluição, que não são adequadamente capturadas pelas medidas de renda ou consumo. A esse respeito, deve-se fazer perguntas em duas vertentes. Qual é o nível de desigualdade na distribuição desses atributos? E como a desigualdade na qualidade de vida é afetada quando estes atributos são adicionados à renda e ao consumo para se chegar a uma medida geral?

Estimativas preliminares sugerem uma possível diferença sistemática quando alguns desses aspectos não-monetários são considerados. Em cada um desses casos, olhamos para a distribuição ao longo da população do montante total de cada um desses aspectos-padrões como uma *proxy* para o atributo em questão — por exemplo, matrícula escolar ou alternativamente o número de anos escolares para educação básica; mortalidade infantil ou alternativamente a expectativa de vida para saúde básica; o número de homicídios para criminalidade e violência; e poluição do ar para a qualidade ambiental.

A estimativa de disparidades na qualidade de vida são menores para os aspectos de educação e saúde básicas, e acesso a serviços públicos do que para o consumo e a renda. Em parte, a razão disso é que esses aspectos do bem-estar social têm um teto (matrícula escolar, por exemplo) ou um piso (mortalidade infantil, entre outros) que, logo de início, limitam o grau possível de desigualdade. Também houve um grande progresso nesses atributos como discutido adiante. Por outro lado, aspectos como a poluição, a criminalidade e a violência parecem estar mais desigualmente distribuídos que a renda ou o consumo.

Ao medir a desigualdade, ordenamos a população pelo atributo em questão ou, como alternativa, mostramos essa distribuição com a população estratificada pela renda. O resultado mais significativo é que a desigualdade é menor em termos de educação e saúde básicas do que de renda e consumo. Por exemplo, o Gini para a educação da população está em torno de 0,40, enquanto o mesmo coeficiente estratificado pela renda se aproxima de 0,58. Este índice para a saúde é muito menor do que o relativo à educação. (Outra evidência sugere que a desigualdade pode ter aumentado quando incorporamos a dimensão da qualidade.) No caso da criminalidade e da violência, o valor do Gini para a população é cerca de 0,80 e o estratificado pela renda é de 0,70.

A hipótese é que, se combinarmos primeiro o desenvolvimento humano básico e os serviços essenciais com a renda, o nível de desigualdade deve diminuir. Em seguida, se incluirmos atributos mais complexos tais como criminalidade, violência e poluição ambiental, o nível de desigualdade deve voltar a aumentar. (Note que nessa agregação, a desigualdade total depende não apenas da magnitude de cada componente, mas também de sua média relativa ou da importância e da correlação com outras variáveis.) Se essa relação se mantiver, veremos a curva em U com respeito a uma ordem que vai dos atributos básicos da renda e educação até itens mais complexos em poluição e criminalidade, como pode ser visto na Figura 5 — uma suposição que poderia ser examinada em mais detalhes.

Além disso, a desigualdade declinou durante a última década, como indica o desvio para baixo da curva. O avanço é maior em termos de saúde e educação básicas do que em relação à renda. Por outro lado, parece ter havido poucas mudanças na distribuição da criminalidade e da violência.

FIGURA 5

Uma hipótese: desigualdade e conceitos de qualidade de vida

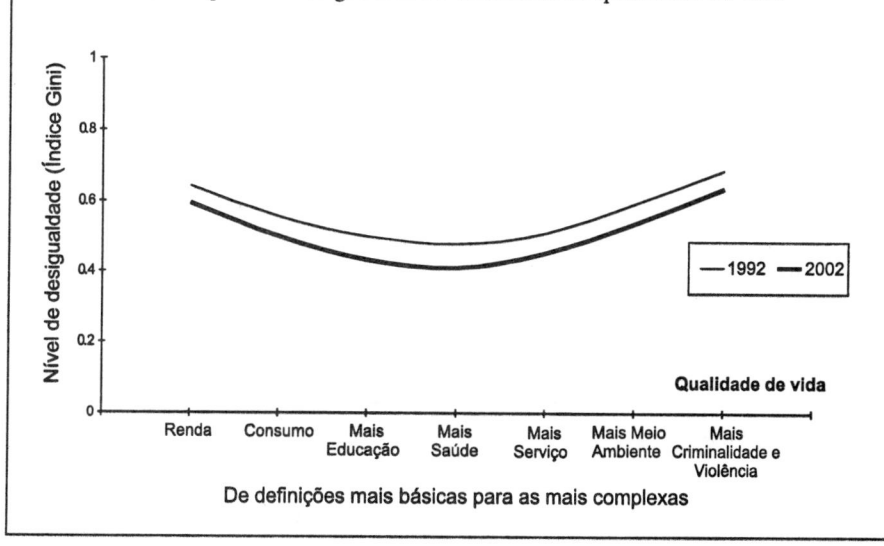

As diferenças de renda também são grandes dentro e entre os grupos, de acordo com a idade, o gênero e a cor. Uma mulher branca recebe cerca de 80% do salário de um homem branco, um homem não-branco ganha menos da metade da remuneração de um homem branco e uma mulher não-branca está em uma desvantagem ainda maior.

Entre mulheres e homens brancos, a desigualdade de renda é tão acentuada quanto em relação à população como um todo. Para os não-brancos, a desigualdade é ligeiramente menor do que para o Brasil em sua totalidade, mas ainda é alta, indicando que mesmo entre os não-brancos a variação de renda é grande. A disparidade dentro dos grupos corresponde a cerca de 88% da desigualdade no Brasil inteiro, e entre os diferentes grupos esse percentual atinge os restantes 12%.

No Brasil, as pessoas com mais idade têm melhor qualidade de vida do que os jovens. A Tabela 3 mostra essa diferença na América Latina. De modo geral, os programas e políticas sociais são dirigidos principalmente aos mais velhos do que para os jovens. O que mais distorce essa distribuição é uma previdência social generosa e os benefícios para a terceira idade. De fato, o Brasil tem uma das mais baixas taxas de pobreza entre os idosos em toda a América Latina.

Tabela 3
Taxa de incidência de pobreza — dados de renda adulto-equivalente, 1998 (%)

	Total da população	0-14	15-39	40-64	+65
Bolívia	30,5	34,4	24,1	31,0	47,5
Brasil	**24,6**	**33,4**	**22,3**	**18,7**	**18,5**
Chile	20,8	24,4	19,2	18,5	23,9
Colômbia	24,0	27,1	20,6	23,8	32,9
Costa Rica	21,7	23,6	19,4	21,0	29,1
El Salvador	27,4	31,3	22,8	26,5	38,0
Guatemala	19,1	21,6	16,6	15,0	27,1
México	22,1	27,4	18,3	19,6	37,6

Fonte: Wodon et all, 2000.

Desigualdades na educação

Entre os fatores que contribuem para uma maior desigualdade, talvez o mais fácil de solucionar seja a distribuição desigual de educação. No ensino, o Brasil fez progressos significativos nas duas últimas décadas, mas ainda há um longo caminho a ser trilhado. Entre 100 países em desenvolvimento, o Brasil se situa entre os dez primeiros que tiveram o maior aumento na matrícula escolar no ensino fundamental da 1ª à 4ª série desde 1980, a maior parte desse aumento entre os pobres.

A implementação do programa Bolsa Escola, que fornece pagamentos em dinheiro para famílias pobres, contanto que seus filhos freqüentem a escola, desempenhou possivelmente um papel importante no aumento da matrícula escolar. Uma avaliação *ex ante* do Bolsa Escola previu que o programa reduziria à metade o número de crianças pobres fora da escola, aumentando a matrícula de crianças e jovens pobres, entre 10 e 15 anos, em cerca de quatro pontos percentuais (Bourguignon, Ferreira e Leite, 2002). É necessário fazer mais avaliações para determinar se o programa de fato produziu esses resultados.

Com o aumento do número de alunos matriculados no Ensino Fundamental (1ª a 4ª série), a atenção se desloca para o Ensino Médio e em seu papel na redução da desigualdade e da pobreza. Nas duas últimas décadas, o Brasil fez progressos na taxa de matrícula no ensino secundário, mas esse índice ainda se encontra abaixo da média internacional para países com o mesmo nível de renda do Brasil (Figura 6). É essencial melhorar a proporção de jovens pobres que ingressam no ensino secundário. O retorno proporcionado por essa etapa escolar é alto no Brasil, porque a sua conclusão representa para os jovens das classes mais pobres a possibilidade de obter rendimentos mais elevados e sair da pobreza. Um mercado de trabalho com pessoas mais qualificadas estimula a produtividade e a produção.

A desigualdade é especialmente elevada no nível universitário: o investimento do Brasil no Ensino Superior é um dos mais regressivos do mundo. Nas instituições públicas de alta qualidade, somente um entre nove candidatos é aceito e em geral essa vantagem se deve a uma boa orientação dos pais e a uma educação secundária particular de qualidade. Quando conseguem chegar à universidade, os estudantes oriundos da classe média e das camadas

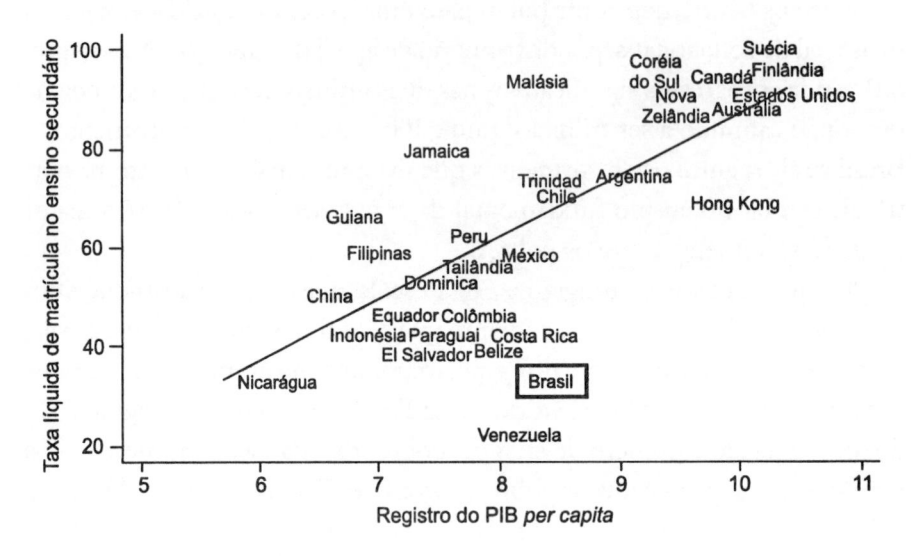

FIGURA 6
Matrícula líquida no ensino secundário e PIB *per capita*

Fonte: De Ferranti, Perry *et all*, 2003a.

pobres da sociedade, que normalmente freqüentaram um ensino secundário público de menor qualidade, acabam ingressando em faculdades particulares pagas, que são freqüentemente menos capacitadas do que as universidades públicas (Horn, 2002).

Estudos de amostras representativas encontraram poucos alunos entre os 40% mais pobres da população matriculados nas universidades públicas brasileiras: 70% dos estudantes universitários pertencem ao quintil mais rico do país (Von Amsberg, Lanjouw e Nead, 1999). De acordo com as tendências atuais, a expansão da matrícula no Ensino Superior beneficiará mais provavelmente os estudantes ricos e da classe média alta. A adoção de políticas direcionadas é essencial para assegurar que os alunos das escolas públicas e das classes mais pobres participem do aumento na matrícula no Ensino Superior.

Diferenças salariais

A desigualdade na distribuição dos bens públicos, como educação e saúde, traduz-se em resultados ainda mais díspares quando se trata de mercado de trabalho, devido à rigidez da legislação trabalhista e à grande valorização da mão-de-obra qualificada. O valor da capacitação, ou preço relativo da qualificação, é determinado pela oferta de educação por um lado, e pela demanda por trabalhadores qualificados pelo outro, que aumentou junto com os avanços tecnológicos nas duas últimas décadas.

No Brasil, as diferenças de salário por nível de capacitação são 50% maiores do que nos Estados Unidos, e estão bem acima das do México (Figura 7). Um trabalhador brasileiro que tenha concluído o ensino médio ganha em média 3,7 vezes mais do que um empregado com apenas um a quatro anos de escolaridade. Nos Estados Unidos essa proporção seria de 2,5 vezes. Se aumentasse o número de trabalhadores brasileiros com educação secundária, reduziria a valorização relativa da força de trabalho com nível universitário.

FIGURA 7
Salário relativo por nível de capacitação nos anos 90.

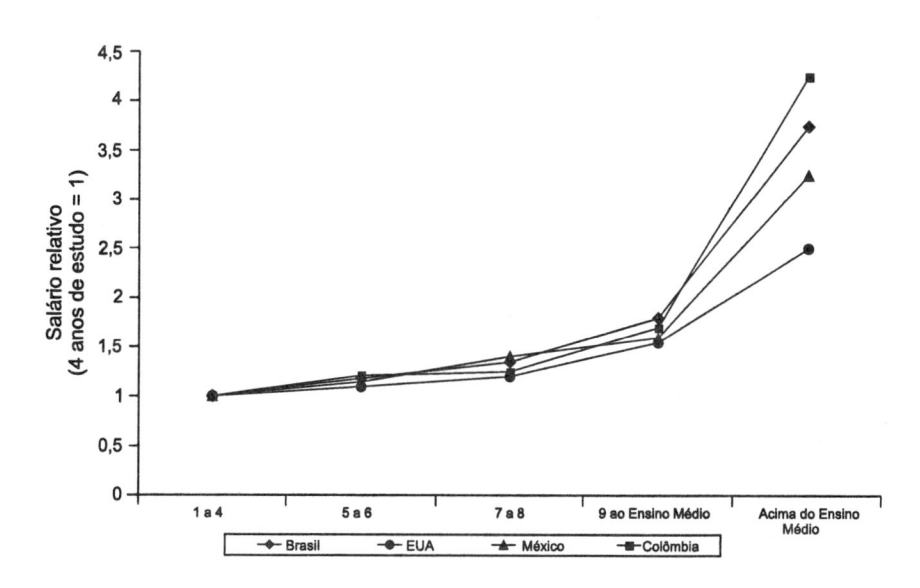

Fonte: Banco Mundial, 2003a.

A rigidez das leis trabalhistas também contribui para a maior valorização da capacitação ao impor barreiras às contratações formais. O alto nível de impostos e benefícios obrigatórios, inclusive as contribuições previdenciárias, desestimulam o aumento do emprego no setor formal e, quando combinados a políticas que facilitam o investimento em capital, promovem um crescimento econômico com aplicação intensiva de capital e não de trabalho (Banco Mundial, 2002). Assim, uma maior produtividade é obtida pela combinação de altos níveis de capacitação com melhores bens de capital, ao passo que, se o custo do trabalho formal fosse mais baixo, o mesmo aumento na produção poderia ser alcançado com um número maior de contratações.

Distribuição do gasto público

O Brasil gasta aproximadamente $1/5$ do PIB em programas sociais e transferências de renda, incluindo as aposentadorias públicas. Embora muitos dos programas sociais visem beneficiar os pobres mais do que os ricos, os resultados nem sempre corroboram esses objetivos. As aposentadorias do setor público, que respondem por mais da metade dos gastos sociais, beneficiam desproporcionalmente os mais ricos. Os 20% mais ricos entre a população brasileira recebem mais de duas vezes a parcela correspondente ao total das aposentadorias do setor público (61%) comparado ao mesmo grupo nos Estados Unidos (26%) — a um custo que é cinco pontos percentuais do PIB mais alto do que nos Estados Unidos.

De acordo com o padrão dos países de renda média, é elevada a porcentagem do PIB brasileiro dirigida aos programas sociais, mas a parcela que chega aos pobres é mínima. Em 2000, os 20% mais pobres no Brasil receberam apenas 1,7% das transferências monetárias sociais (incluindo as aposentadorias e excluindo os serviços básicos, como assistência de saúde e educação). Essas transferências aumentaram sua renda de 1,3% do total para 1,7% (Ministério da Fazenda, 2003). No país, os ricos pagam a maior parte dos impostos e recebem uma parcela proporcional das transferências sociais, enquanto em países como o Reino Unido os mais abastados pagam impostos mais altos, mas os pobres recebem um valor maior de transferências.

No Brasil, a contribuição dos programas governamentais para melhorar a distribuição de renda e combater a pobreza está abaixo de sua capacidade. Estima-se que os impostos e as transferências sociais reduzam a desigualdade em 14% no Brasil, em comparação a cerca de 50% na Europa (Figura 8). Muitos países europeus seriam quase tão desiguais quanto o Brasil se não fossem os impostos e transferências. A eficiência de suas políticas de transferência de renda permitiu que esses países atingissem maiores níveis de igualdade.

Os programas sociais implementados mais recentemente no Brasil, como o Bolsa Escola e o Bolsa Família, que transferem dinheiro para famílias pobres — condicionado ao cumprimento de determinados requisitos, por exemplo, freqüência escolar ou visitas a postos de saúde — parecem estar mais voltados para os pobres. Um estudo recente (Lindert, 2005) mostra que os 20% mais despossuídos da população recebem 40% dos benefícios do Bolsa Escola e um percentual igualmente alto de outros programas, como Auxílio Gás (48%) e Erradicação do Trabalho Infantil (Peti, 67%).

FIGURA 8
Impacto dos impostos e das transferências na redução da desigualdade

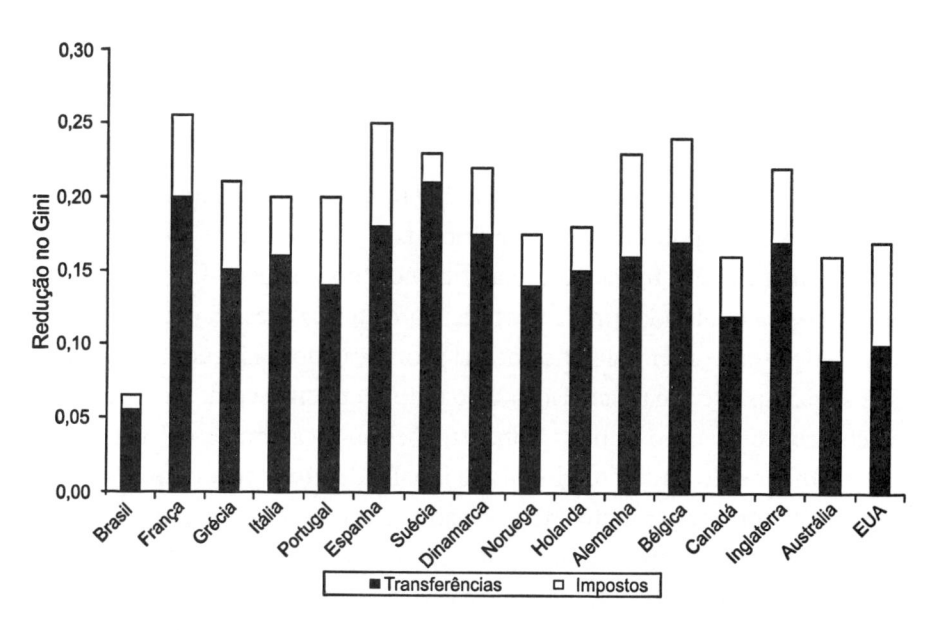

Fonte: Ministério da Fazenda, 2003.

Ao avaliar a contribuição dos programas sociais para a redução da desigualdade e da pobreza, dois aspectos são determinantes: a parcela dos benefícios de um programa que alcança os pobres e a percentagem de pobres que é beneficiada pelo programa. Essas considerações sugerem quatro possibilidades:

- No caso dos programas de assistência social, a maior parte dos benefícios vai para os pobres, mas o número de pobres não é grande porque a abrangência dos programas é pequena em relação à necessidade.
- No caso do crescimento econômico, apenas uma pequena parte dos benefícios é destinada aos pobres, mas o número de pobres é o mais abrangente possível.
- O Bolsa Escola faz as duas coisas: uma grande parte dos benefícios do programa é relativamente bem direcionada aos pobres, e uma grande parcela de pobres é beneficiada.
- Os benefícios previdenciários (excluindo-se as pensões rurais) não são dirigidos aos pobres nem auxiliam um grande número de pessoas carentes.

Distribuição de renda e pobreza

A distribuição de renda influi no grau em que o crescimento econômico tira as pessoas da pobreza. Sua influência também se exerce sobre o modo como as instituições funcionam e a eficiência do governo. Uma sociedade igualitária, na qual cada um de seus membros tem a mesma participação na governança, tende a ser mais eficiente na promoção do crescimento e do bem-estar social do que uma sociedade na qual um pequeno segmento da população controla o governo e utiliza as instituições públicas em benefício próprio. Existe um vínculo entre crescimento e igualdade: uma maior eqüidade ajuda a apoiar um crescimento mais elevado, e o crescimento econômico, se incluir os pobres, promove uma maior igualdade.

Com o nível atual de desigualdade do Brasil, 1% de crescimento econômico reduz a pobreza em menos de 1%. Na Índia e na China, países que apresentam maior eqüidade, esse mesmo percentual de crescimento implicará um declínio da pobreza acima de 3%. A alta taxa de crescimento econômico nesses países, combinada à maior igualdade, resultou em grandes reduções na pobreza. No Brasil, um crescimento mais lento e um nível mais elevado de desigualdade significaram uma redução muito menor da pobreza nas duas últimas décadas.

Talvez de modo surpreendente, a maior contribuição ao combate à pobreza no Brasil, nos últimos dez anos, tenha resultado do ajuste macroeconômico e não do crescimento. Como a inflação erodia mais a renda real dos pobres que a dos ricos, o controle da inflação, em 1994, trouxe benefícios imediatos para os mais pobres, provocando uma queda acentuada na pobreza. Em parte, isso ocorreu devido ao realinhamento de preços, pois os preços do setor de bens não-comerciais (que inclui a maior parte dos trabalhadores informais) aumentaram em relação aos do setor de bens comerciais (que abrange a maior parte dos trabalhadores do setor formal e da indústria), o que se refletiu na elevação da taxa de câmbio real.

No Brasil são comuns as discussões sobre o valor de estabelecer metas de inflação, nas quais os oponentes citam os efeitos deletérios da política monetária sobre o crescimento econômico. Contudo, na década passada, essas metas e uma política monetária confiável causaram mais impactos positivos do que negativos sobre os pobres.

Escala urbana da pobreza

As mudanças demográficas foram acompanhadas pela crescente urbanização, por mudanças na distribuição espacial da pobreza e pela necessidade de aumentar a oferta de serviços públicos. Tudo isso requer novas formas de pensar em como reduzir a desigualdade e a pobreza.

Embora a taxa de pobreza seja expressivamente mais alta no Nordeste e nas áreas rurais, o número de pobres nas áreas rurais do país é menor que os das áreas urbanas. Isso indica uma mudança radical em menos de duas décadas, quando a pobreza era predominantemente um fenômeno rural e nordestino. A essa transformação é preciso que corresponda uma mudança nas políticas públicas.

A China e a Índia são menos urbanizadas do que o Brasil, mas como suas populações são maiores, o número de habitantes em seus espaços urbanos também é mais elevado. Com 82% de urbanização, o Brasil abriga 145 milhões de pessoas nas áreas metropolitanas. A China é 36% urbanizada e tem 450 milhões de habitantes urbanos, enquanto na Índia as respectivas cifras são de 36% e 330 milhões. A cada ano, o aumento da população chinesa corresponde a uma nova cidade de São Paulo. Quando se trata da dimensão das operações, a China tem uma grande experiência no assunto.

> Uma história contada pelo uruguaio Enrique Iglesias, presidente do Banco Interamericano de Desenvolvimento (BID), dá uma medida da escala chinesa. Uma missão uruguaia estava em visita a China. O ministro chinês que recebia os convidados quis saber quantos uruguaios participavam da comitiva. Acreditando que a pergunta se referia à população do Uruguai, o chefe da missão respondeu: "Três milhões." Então, o ministro chinês perguntou: "Em que hotel estão hospedados?"

Quando se trata da escala de pobreza, valiosas lições são retiradas da experiência desses países. A urbanização é um instrumento utilizado pela China para combater a pobreza rural. Cidades são planejadas para atrair e acomodar novos migrantes rurais. Na Índia, os programas participativos para redução da pobreza são bem-sucedidos e os habitantes das favelas são organizados de modo a participar da vida política e econômica. Um terço de todos os fios de cobre exportados pela Índia é produzido nas favelas de Mumbai.

A implementação da agenda ambiental urbana é urgente nas áreas metropolitanas brasileiras. Há muito trabalho a ser feito para melhorar a qualidade do ar e reduzir a poluição da água nos centros urbanos. Mas também já foi obtido um surpreendente progresso na redução da poluição em muitas áreas metropolitanas. Entre as prioridades estão a concentração dos subsídios urbanos aos pobres; a integração do planejamento urbano e a melhoria das favelas, e o trabalho junto aos municípios para expandir as iniciativas bem-sucedidas de gestão do lixo sólido — como o programa Lixo que Não é Lixo, de Curitiba.

O Brasil é relativamente eficiente em diversos níveis de gestão municipal descentralizada. Em diferentes gradações, os municípios têm implementado processos participativos para ampliar a sua perspectiva e oferecer serviços públicos com maior responsabilidade.

> Fiquei surpreso com a evidente preocupação das municipalidades em obter melhores indicadores de desenvolvimento humano e com a conscientização das pessoas sobre as Metas de Desenvolvimento do Milênio. As questões sociais dominam tradicionalmente os temas abordados pelas escolas de samba em seus desfiles durante o Carnaval. Muitas dessas agremiações têm suas raízes nas favelas. O Carnaval do Rio, em 2005, se transformou num fórum natural para conscientização sobre as Metas de Desenvolvimento do Milênio. O Programa das Nações Unidas para o Desenvolvimento (Pnud) fez uma parceira com a Escola de Samba da Portela, que adotou como tema de seu desfile as Metas de Desenvolvimento do Milênio, com a participação de 130 pessoas das Nações Unidas. Carlos Lopes, representante do Pnud no Brasil, possibilitou essa apresentação.

Apesar dos esforços municipais, é mais difícil combater a pobreza nos centros urbanos do que nas áreas rurais. Embora possam ser identificados recursos mesmo em pequenas cidades pobres, é complicado vincular as camadas de baixa renda às oportunidades nas áreas urbanas.

> Durante uma de nossas visitas a um projeto habitacional urbano em Novos Alagados, em Salvador, Bahia, um jovem beneficiário comentou: "O projeto nos deu uma casa, mas com isso só se conseguiu mudar o endereço da pobreza."

O trabalho de Janice Perlman, da Universidade de Columbia, em décadas recentes, mostra a evolução da qualidade de vida nas favelas do Rio de Janeiro. Entre os diversos fatores que contribuem para a exclusão, que ela analisa em seu trabalho *The Myth of Marginality Revisited*, o principal é residir em uma favela — o que vai muito além da questão de raça, aparência e de outros atributos. Ao longo de três gerações, enquanto a influência dos outros fatores de exclusão diminuiu, a moradia em favelas persiste obstinadamente como um dado importante.

Algumas questões urbanas se tornaram mais urgentes do que nunca, entre elas, a criminalidade e a violência; as deficiências no acesso à água, ao saneamento e à habitação; o desemprego; os problemas que afetam os jovens; bem como a superpopulação e a poluição urbana. Esses temas não devem ser tratados pelas políticas tradicionais dirigidas à redução da pobreza rural. A reforma agrária, o crédito rural e o investimento em irrigação continuam a ser instrumentos importantes, mas são necessárias novas iniciativas para enfrentar o desafio do crescente número de pobres que vivem nas áreas urbanas.

As novas políticas para reduzir a pobreza urbana incluem algumas preponderantes, como a reforma trabalhista, para promover o emprego e reduzir a informalidade e o desemprego; o estabelecimento de um marco regulatório para as parcerias público-privadas, com o objetivo de estimular os investimentos em infra-estrutura, especialmente em eletricidade, rodovias, ferrovias, água e esgoto; a reforma tributária, para promover um investimento industrial equilibrado em todas as regiões, visando evitar guerras fiscais entre os estados; e uma maior descentralização das decisões e dos gastos públicos.

As novas políticas também estão mais concentradas no fortalecimento da capacidade dos municípios de tratar das questões relacionadas à pobreza. É necessário mudar o enfoque anterior das agências regionais, como a Sudene e a Sudam, para levar em conta as alterações no perfil da pobreza e sua dinâmica nas regiões. Os gastos locais poderiam se concentrar menos nas áreas com maiores necessidades e mais nas pessoas carentes.

O custo total para tirar da pobreza todos os brasileiros pobres seria de 1,8% do PIB ao ano (Banco Mundial, 2001a). O Brasil já gasta mais de dez vezes esse montante com despesas sociais federais, incluindo a previdência social. Embora muitos outros programas, como os de saneamento, saúde e educação, sejam supostamente universais, existem defasagens que precisam ser reduzidas, especialmente entre os pobres. À medida que houver um aumento nas taxas de matrícula escolar e na oferta de serviços de saúde, essas defasagens se tornarão menos uma questão de alcance e mais propriamente uma questão de qualidade.

Além da insuficiência de renda

No estado do Ceará, no Nordeste do Brasil, mais de 50% da população vive abaixo da linha de pobreza nacional. Embora essa cifra ainda seja alta, ela representa um avanço significativo em relação a duas décadas passadas, quando mais de 70% da população vivia na pobreza (Banco Mundial, 2003b).

A maior parte desse progresso foi alcançado entre 1990 e 1995 e está associado ao plano de estabilização do país. Mesmo assim, o Ceará avançou pouco na redução da pobreza extrema desde 1995. O estado foi bem administrado nos anos 90, tendo implementado programas para estimular o setor privado, gerar emprego, aumentar a renda e elevar os níveis de educação e saúde da população.

Os efeitos relativamente decepcionantes do combate à pobreza, durante a segunda metade da década, estimularam o debate sobre a capacidade dessas políticas de reduzir o número de pessoas pobres: a questão era se depois de um certo tempo essas iniciativas provocariam um maior impacto, se o estado precisaria adotar uma nova abordagem para reduzir a pobreza ou se essa medida de pobreza realmente refletia toda a realidade.

> Na primeira visita que fiz ao Ceará, o então governador (e agora senador) Tasso Jereissati perguntou por que a medida de pobreza do Banco Mundial não refletia o progresso efetivo obtido no estado, especialmente depois de todas as iniciativas postas em prática, e como resolver esse enigma. Em resposta a essa solicitação, o Banco Mundial realizou um estudo, liderado pelo economista Mark Thomas, que apresentou resultados muito interessantes quanto ao tamanho do hiato de pobreza.

O desafio no Ceará, que está disfarçado pelas medidas de incidência de pobreza, é que as pessoas pobres estão tão abaixo da linha de pobreza que mesmo um grande aumento de renda, embora podendo melhorar sua qualidade de vida, talvez não seja suficiente para colocá-las acima da linha de pobreza. Entretanto, é possível que as atuais políticas talvez possam elevar suficientemente os rendimentos dos pobres para reduzir a taxa de pobreza com o tempo.

Mas como essa medida da taxa de pobreza considera apenas a renda, ela ainda acarreta algumas conclusões equivocadas. Enquanto alguns programas estaduais se concentraram na geração de renda, outros focalizaram intensamente a melhoria do capital humano e a provisão de serviços aos pobres e esse resultado não é integralmente captado pela taxa de pobreza.

O *Relatório do Desenvolvimento Humano de 2003* e o *Relatório de Desenvolvimento Mundial de 2004* citam o progresso na área de saúde e o caso do programa Saúde da Família (antes chamado Agentes Comunitários de Saúde) no Ceará como um exemplo de provisão de serviço público bem-sucedida nos países em desenvolvimento. O estado reduziu a mortalidade infantil de mais de 60 por 1.000 nascidos vivos no final da década de 1980 para menos de 30 em 1.000 nascidos vivos no início da década atual. Melhoria na saúde e na educação resulta em uma maior renda, mas somente no médio e longo prazos. Por isso os investimentos estaduais em educação e saúde não são captados pelas tendências correntes de pobreza, embora essas iniciativas possam levar a uma redução sustentável da pobreza no futuro.

Entre 1995 e 1999, o Ceará foi capaz de elevar de cerca de 85% para 95% a matrícula escolar de crianças abaixo de 14 anos, e de cerca de 61% para quase 79% entre os jovens de 15 a 17 anos (Ipeadata). A maioria dos beneficiados por essas políticas educacionais foram crianças pobres, que antes não freqüentavam a escola.

Uma maneira de revelar esse progresso no ensino é definindo a pobreza como insuficiência de renda mais insuficiência de educação (Banco Mundial, 2003b). Se definirmos as famílias pobres como as que recebem até R$ 65 mensais por pessoa e, se essas famílias também têm filhos fora da escola, então a linha de pobreza subiria por um custo estimado por criança na escola primária (ajustado para o tamanho da família, com dados de 1997). Relativo a esta linha de pobreza incrementada, a incidência ou grau de pobreza também seria diferente, na medida em que mais crianças estejam matriculadas na escola ou não (veja exemplos mais adiante).

Como mais de 20% das crianças cearenses, em sua maioria pobres, não estavam matriculadas na escola em 1993 (o ano-base), a taxa de pobreza nesse ano aumentou de cerca de 57%, se for considerada apenas a renda, para aproximadamente 67%, se for utilizada a definição que leva em conta os gastos com educação. Calculamos então as estimativas para 1995, 1997 e 1999 (Figura 9).

Essa nova definição de pobreza evidencia o progresso na redução do número de pessoas pobres entre 1995 e 1999, mesmo que a carência de renda tenha se mantido essencialmente inalterada. A pobreza caiu cerca de 4%, assim como a linha base que ignora a educação mostrou-se inalterada entre

1995 e 1999. Dispondo-se de dados suficientes sobre gastos públicos, esse exemplo poderia ser expandido de modo a incluir a provisão de serviços que melhoram a qualidade de vida dos pobres, como saúde, segurança, água, saneamento e habitação. Embora a pobreza em termos de insuficiência de renda possa se manter inalterada, o aumento da oferta desses serviços básicos eleva o padrão de vida dos pobres e sinaliza que as políticas sociais estão produzindo um efeito positivo.

FIGURA 9

Ceará: pobreza de renda e pobreza que inclui gastos com educação

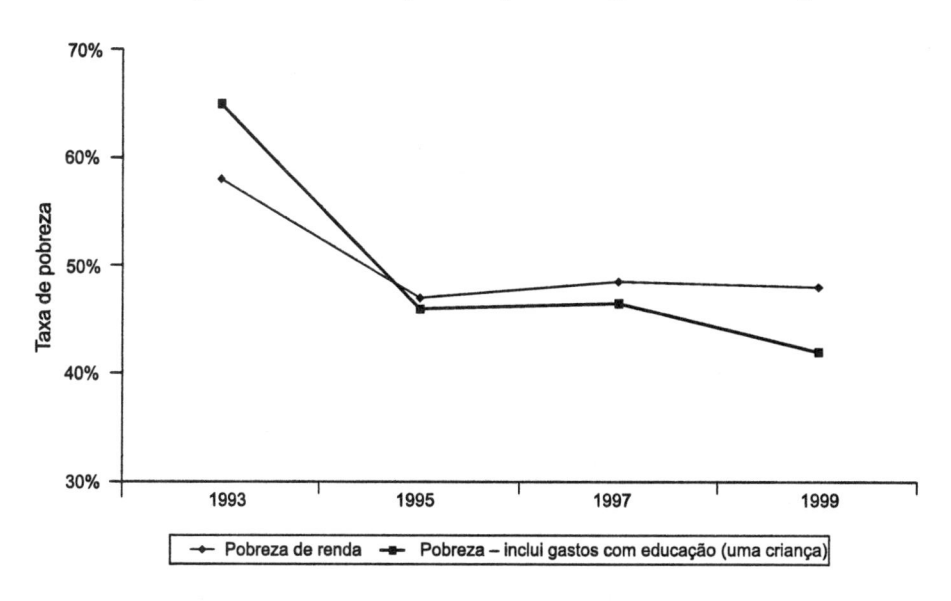

Fonte: IBGE/Pnad e cálculos da equipe do Banco Mundial.

Por isso, medir somente a insuficiência de renda leva a conclusões equivocadas sobre a eficiência das políticas governamentais que visam melhorar o bem-estar dos pobres. Uma medida mais holística da pobreza revelaria o impacto das políticas sociais e seria mais eficaz para acompanhar as mudanças na qualidade de vida.

* * *

Nos debates sobre a maneira de aperfeiçoar a distribuição da renda e a qualidade de vida, há um crescente reconhecimento de que é necessário considerar medidas mais abrangentes da qualidade de vida, mesmo que isso nem sempre seja fácil. Essa compreensão também está relacionada à busca de meios mais eficientes para abordar os verdadeiros componentes do bem-estar social. Abrir espaço para as opiniões e a participação dos pobres nos programas de desenvolvimento aumenta as chances de obter um maior impacto e mais eficácia.

Este capítulo mostra que achar a definição de pobreza faz uma diferença importante no tratamento de sua incidência e tendência. A inclusão de educação e saúde básicas, assim como a provisão de serviços, pode dar uma melhor descrição e tendência que antes, mas a inclusão de considerações sobre crime e violência e meio ambiente pode reverter os ganhos — especialmente nas áreas urbanas, em que esses problemas parecem ser mais sérios. De qualquer forma, a necessidade de grande atenção e de melhores estratégias para combater a pobreza urbana emerge, incluindo a troca de lições com outros grandes países, como a China e a Índia.

As discussões sobre os programas para melhorar a qualidade de vida admitem que seu propósito seja, sobretudo, aprofundar a contribuição das pessoas para a sociedade. E, ainda assim, a busca do que impede o seu aumento de produtividade não recebe a devida atenção. O questionamento sobre a maneira de melhorar a produtividade de todos os recursos é especialmente importante para o Brasil, levando-se em conta as outras restrições ao crescimento enfrentadas pelo país. As respostas a essas questões contêm uma solução para o sucesso futuro. Passaremos agora a este tópico.

3

PRODUTIVIDADE

Vivemos o paradoxo de um Estado que muito gasta e a poucos beneficia.

Discurso de Antonio Palocci Filho, ao tomar posse como ministro da Fazenda em 2 de janeiro de 2003

A qualidade de vida depende da produtividade de todos os recursos, como mostra o conceito de produtividade total dos fatores utilizado na contabilidade do crescimento econômico (Quadro 3). Sob muitos aspectos, esta é de fato uma medida da quantidade de valor agregado pelos esforços do setor público, do setor privado e da sociedade civil, que vai além do que pode ser explicado diretamente pelo uso dos recursos de um país.

Observada a produtividade dos recursos no Brasil, é difícil deixar de notar a dimensão do governo e a extensão de suas despesas. A União gasta uma quantia surpreendentemente alta com saúde, educação e previdência social. A atenção se concentra na produtividade desses gastos, em termos de quem recebe o quê e o que se pode obter com isso. O aumento da eficiência (resultando em maior produtividade) melhoraria a qualidade de vida das pessoas.

O aumento da produtividade também é importante para o setor privado. As forças competitivas do mercado estimulam os ganhos produtivos no setor privado, mas a eficácia desse fenômeno varia entre setores, áreas e contextos. Esse processo também não é automático. As políticas governamentais desempenham o importante papel de facilitar a promoção dos ganhos de produtividade do setor privado.

A Amazônia, com suas grandes extensões de terra, parece um local improvável para se enfatizar o uso intensivo do solo. No entanto, é exatamente esta a necessidade, afirmou Simão Jatene, o então recém-eleito governador do Pará, a uma equipe do Banco Mundial em uma visita a Belém, no início de 2003. Jatene reconheceu a importância do uso da enorme riqueza natural do estado de modo sustentável. Prosseguindo, ele propôs o uso intensivo da terra dentro dos limites dos locais já desmatados, a proteção das áreas fora dessa fronteira e práticas mais sustentáveis nas áreas de transição. Além disso, admitiu que a produção precisaria crescer rapidamente para melhorar o bem-estar das pessoas, mas notou a importância de esse crescimento ser alcançado através do aumento da produtividade — ou seja, pela agricultura intensiva em vez da extensiva.

Quadro 3
Produtividade total dos fatores

Ao explicar o crescimento econômico, é comum a criação de modelos que expressam a produção como resultado dos serviços de várias formas de capital. Este livro utiliza como parâmetros o capital físico, o capital humano e o capital natural. Nos modelos de contabilidade do crescimento, uma especificação típica inclui o capital físico (que compreende, na medida do possível, o capital natural), o capital humano (representado pela educação) e o trabalho. A parte da produção que não é explicada por insumos — e que amplia a contribuição de todos os elementos — é chamada de produtividade total dos fatores.

O crescimento da produção ou crescimento econômico, então, é expresso como dependendo do coeficiente de mudança no capital físico, no capital humano e no trabalho. Esse tipo de acumulação não explica todo o crescimento, especialmente quando ele é muito alto. O crescimento da produtividade total dos fatores (TFPG) é o que resta depois de contabilizar a contribuição desses componentes de acumulação de capital, ou seja, a mudança na produção que não é explicada pelas alterações na medição dos insumos utilizados na produção.

> O TFPG é considerado às vezes como o progresso tecnológico que orienta a contribuição desses fatores de produção na economia. Esse progresso tecnológico tem dois componentes: um é o ganho obtido quando se ultrapassa a fronteira das melhores práticas por meio de avanços tecnológicos. O outro é o retorno originado pela maior eficiência técnica para se chegar à fronteira.
>
> Não é fácil discernir se o progresso é proveniente do avanço tecnológico no processo de produção ou da melhor alocação de recursos — ou de ambos. Várias técnicas de projeção tentam obter respostas para essas questões.

Produtividade e crescimento

Por que se concentrar na produtividade? Os ganhos de produtividade são uma área inexplorada que produz resultados rápidos, inclusive para os pobres. As pessoas trabalham com todas as formas de capital — humano, físico e natural — combinadas de diversas maneiras. O investimento em todas essas formas de capital contribui para o crescimento e para o bem-estar, mas a sua acumulação é um processo lento. Enquanto isso, as reformas de políticas ajudam a se obter o melhor dos investimentos disponíveis. Deveriam ser criados meios de aumentar a produtividade de todas as formas de capital que sejam relevantes para os pobres. Na verdade, aumentar a produtividade dos menos favorecidos é a melhor maneira de tornar a distribuição de renda mais eqüitativa e de reduzir a desigualdade.

Uma segunda razão para a ênfase na produtividade está relacionada à restrição, nos últimos anos, à acumulação de capital. Os elevados pagamentos da dívida exigiram a geração de superávits primários de tamanho considerável, o que limitou os gastos do governo. Dada a rigidez das despesas correntes, o peso da disciplina fiscal caiu de modo desproporcional sobre os investimentos. As altas taxas de juros e outras deficiências no ambiente de investimentos, especialmente na regulação, desestimularam os investimentos privados. Embora as iniciativas de longo prazo sejam vitais para ampliar os investimentos, fica claro o valor do aumento da produtividade.

Uma terceira razão é que o crescimento da produtividade rural também diminui as pressões que levam à degradação dos recursos naturais com vistas à renda e ao consumo. Isso tem grande significado no Brasil, onde os recursos naturais constituem um dos principais bens dos pobres e estão sendo devastados em grande velocidade.

A longo prazo, o crescimento da produtividade terá de ser a principal fonte de expansão da renda *per capita* em qualquer economia, dadas as restrições à acumulação de capital. Isso é especialmente válido no curto prazo para o Brasil devido às restrições fiscais à acumulação de capital.

De 1960 a 1994, a taxa de crescimento de Taiwan foi de 8,5%, da Coréia do Sul 8,3%, de Cingapura 8,1%, da China 7,5%, da Tailândia 7,5%, de Hong Kong 7,3%, da Malásia 6,8% e da Indonésia 5,6%. O crescimento do Japão no período anterior de 1950 a 1973 foi de 9,2%. Ainda não foi definido se o rápido crescimento dessas economias do Leste Asiático foi devido, principalmente, à acumulação de capital ou aos ganhos de produtividade (Banco Mundial, 1993; Stiglitz e Yusuf, 2001). O mesmo debate vem ocorrendo no Brasil.

A resposta em todos os lugares parece ser que o crescimento requer tanto uma maior acumulação de todas as formas de capital quanto sua melhor utilização. Por isso, apesar da importância do aumento da produtividade, persiste a necessidade de mais investimentos. O Brasil não é exceção quanto à importância da acumulação de capital.

Hoje, qualquer discussão sobre o desenvolvimento do Brasil traz rapidamente à tona os gargalos na infra-estrutura de transportes, especialmente nos portos, ferrovias, rodovias e no transporte de passageiros, como corredores para ônibus e metrôs (Banco Mundial, 2004b). As pessoas se perguntam por que, após tantos anos de grandes investimentos em estradas com financiamento externo, o país ainda não tem capacidade de manter esses bens públicos, embora sejam cobrados altos impostos sobre a gasolina para financiar a sua manutenção. A mais alta prioridade seria aumentar a produtividade e obter os melhores resultados dos investimentos já feitos. No entanto, é evidente que mais inversões em capital também ajudem no aumento da produtividade.

O aumento da produtividade e a acumulação de capital se fortalecem mutuamente. A experiência no Leste Asiático sugere que as reformas para melhorar a produtividade serviram para estimular um processo eficaz de acumulação de capital (Nelson e Pack, 1999). Sem o catalisador representado pela produtividade, a acumulação de capital físico e humano tem menor impacto sobre o desenvolvimento econômico. Uma força de trabalho altamente qualificada sem oportunidades de emprego emigrará, como ocorreu em Taiwan e na Coréia do Sul nos anos 50 e 60. A acumulação de capital físico que não dispõe de mão-de-obra ou ganhos de produtividade resultará simplesmente em capital ocioso. Se uma economia administra seus recursos de modo eficiente e adequado, sem colocar ênfase na inovação e no aprendizado, não produzirá necessariamente desenvolvimento.

A produtividade tem sido historicamente uma força propulsora do rápido crescimento do Brasil. Durante os anos 60 e 70, o país aumentou sua produtividade a níveis comparáveis aos das economias de países da OECD (Gomes, Pessôa e Veloso, 2003). Um simples exercício para calcular o crescimento, que utilize a decomposição ampliada de Solow e inclua o capital humano, como em Mankiw, Romer e Weil (1992), mostra que o TFPG foi alto e positivo nos anos 60 e 70, quando houve grande crescimento, e negativo nas décadas de 1980 e 1990, quando o crescimento foi baixo (Tabela 4).

Tabela 4
Crescimento da produção, do capital físico,
do capital humano e da TFP

	Crescimento da produção	Crescimento do capital físico	Crescimento do capital humano	Crescimento da TFP	Parcela crescimento da produção relativa à TFP
1960	5,89%	1,42%	1,69%	2,15%	37%
1970	8,05%	3,21%	1,82%	2,33%	29%
1980	1,44%	1,79%	2,75%	−3,74%	−260%
1990	1,98%	1,23%	2,15%	−1,82%	−92%

TFP = Resíduo de Solow aumentado pela educação
Fonte: Loayza e Calderón, 2002.

Durante os períodos de alto crescimento, nos anos 60 e 70, houve uma grande acumulação de capital físico, mas como o crescimento econômico foi ainda maior, houve um declínio na relação capital-produção. Essa relativa escassez de capital físico (relacionada às políticas de substituição de importações e ao fechamento para a economia mundial) elevou o custo do capital. Passado esse período, o Brasil enfrentou várias restrições que impediram o país de sustentar altas taxas de crescimento. A relação entre o capital físico e a produção teve aumento de 50% entre meados dos anos 70 e o início dos 80, portanto, é improvável que uma escassez de capital físico tenha impedido o crescimento. Contudo, a escassez de mão-de-obra qualificada constituiu uma restrição determinante. Sem trabalhadores suficientemente capacitados para assimilar as novas tecnologias, o Brasil não pôde acompanhar o avanço tecnológico.

A produtividade pareceu declinar nas décadas de 1980 e 1990 por diversas razões. A instabilidade macroeconômica e a inflação alta estimularam os investimentos em ativos resistentes à flutuação de preços, como os imóveis, que não acarretam aumento de produtividade nem retornos de longo prazo. As deficiências no mercado de crédito resultaram em uma redução dos empréstimos para áreas de risco e um retorno mais elevado. O ambiente de negócios, com seus processos burocráticos para iniciar, expandir ou fechar uma firma, impediu que muitas boas idéias fossem postas em prática ou que fossem liberados os recursos de outras iniciativas que não tiveram êxito. Um mercado de trabalho com normas rígidas impediu a alocação mais produtiva de mão-de-obra. Além disso, a deficiência na oferta de educação fez com que a maior parte da população não fosse devidamente capacitada, enquanto se esperava que uma pequena minoria assimilasse as novas tecnologias para que o país retomasse o caminho da alta produtividade.

A reforma dessas áreas poderia aumentar a produtividade e estimular o investimento em capital humano e físico. Um crescimento substancial da produtividade também seria alcançado por meio de reformas nas áreas da previdência social, nos mercados de trabalho e nos gastos públicos, como foi mencionado anteriormente.

Durante os períodos de pico do TFP e dos mais baixos coeficientes capital-produção, o Brasil empregou os seus fatores de modo produtivo em comparação com os Estados Unidos. Usando uma base de 100 em 1950 para os Estados Unidos, a Figura 10 mostra como o TFP brasileiro mudou ao longo dos anos. A figura também mostra a relação capital/produto brasileiro.

FIGURA 10
Evolução do TFP no Brasil

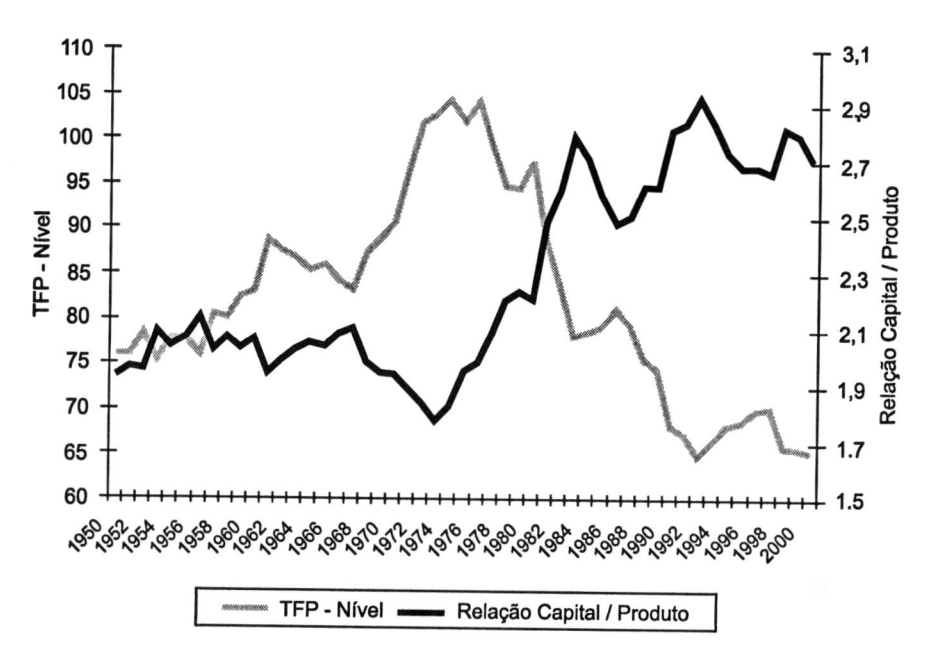

Nota: Usando um índice de TFP para os Estados Unidos de 100, em 1950.
Fonte: Gomes, Pessôa e Veloso, 2003.

Outras comparações também contam uma história semelhante. Desde os anos 50 e até meados dos anos 70, a produtividade brasileira tem sido maior do que a da Coréia do Sul, país que acumulou capital físico e humano rapidamente. Subseqüentemente e sobretudo desde a década de 1990, com o declínio do TFPG brasileiro, os níveis de produtividade da Coréia do Sul e do Brasil foram quase equivalentes. Nos anos 50, a produtividade brasileira teve uma evolução semelhante à da Áustria, da Nova Zelândia, do Reino Unido e de alguns outros países. Todos mostraram um aumento de produtividade até a metade dos anos 70, seguido de um acentuado declínio, mas a economia brasileira sofreu uma maior desaceleração.

Por causa dessa concorrência, o Brasil não pôde sustentar o alto crescimento dos anos 60 e 70 — em parte devido à acumulação de custos decorrente do tipo de abordagem do crescimento que adotou. O Chile e a Coréia do Sul, que tiveram mais êxito ao sustentar o crescimento em décadas recentes, trilharam caminhos diferentes do Brasil e também entre si.

Em uma comparação dos episódios de crescimento anteriores do Brasil, do Chile e da Coréia do Sul, Thomas, Wang *et all* (2000) concluíram que o setor público do Chile, de modo geral, não tem favorecido diretamente o capital físico desde o início dos anos 80. Exceto no período 1997/2000, o Chile deu pouco apoio aos setores sociais, particularmente à educação e à saúde. A falta de dependência do capital físico em relação aos subsídios públicos pode ter levado a taxas de crescimento estáveis durante a expansão do Chile nos anos 90.

A abordagem adotada pela Coréia do Sul foi equilibrar os incentivos para o crescimento do capital físico e humano. O país subsidiou os investimentos em capital antes da década de 1990, mas os subsídios foram seletivos e impuseram uma carga financeira menos explícita sobre o setor público do que no Brasil. Enquanto isso, os gastos públicos em educação priorizaram o ensino básico e, de modo geral, a Coréia do Sul atribuiu uma prioridade relativamente maior ao capital humano do que ao capital físico. No final dos anos 90, o país enfrentou uma crise financeira, que foi logo revertida, e retomou o processo de crescimento de alto impacto.

O Brasil, como vários outros países na época, utilizou subsídios públicos diretos, bem como crédito direto e políticas de preços para apoiar a lucratividade do capital, tanto doméstico quanto estrangeiro, visando criar infraestrutura e desenvolver áreas ambientalmente sensíveis. A indústria nacional também recebeu forte proteção. Embora houvesse um enorme apoio ao capital físico, esse processo foi acompanhado por um menor nível de investimento em capital humano básico. A situação da dívida, a persistência de uma grande desigualdade e um alto crescimento sem sustentabilidade poderiam estar relacionados a esse padrão de subvenções de capital — a ineficiência desse tipo de política industrial traz uma lição útil para o futuro.

Lições de outros países

A experiência do Leste Asiático nos últimos 25 anos é de grande importância para o Brasil, devido às condições iniciais similares e ao grande progresso alcançado na região.

Tive a oportunidade de acompanhar de perto o desenrolar desses episódios no Leste Asiático em meados da década de 1990, como economista-chefe do Banco Mundial para a região. Muitas pessoas achavam que a história do milagre econômico do Leste Asiático ainda não tinha sido completamente escrita. Ironicamente, alguns anos depois da publicação, em 1993, de *The East Asia Miracle*, uma análise profunda do rápido crescimento no Leste da Ásia, a região enfrentou uma crise financeira. Apesar das contribuições ressaltadas havia fraquezas e corrupção na governança dos setores corporativos e financeiros. A crise, contudo, proporcionou reformas urgentes e substanciais à governança. A rapidez e a determinação com que a Coréia do Sul, a Tailândia e outros países se recuperaram e a retomada do ritmo de suas economias depois da crise representaram um testemunho dos sólidos fundamentos do milagre do crescimento, assim como a efetividade das reformas em resposta à crise.

Normalmente atribui-se a maior parte do crescimento no Leste Asiático à acumulação de capital físico e humano (Young, 1992 e 1994; Kim e Lau, 1994). Contudo, o que surpreende no caso do Leste Asiático é que, embora o crescimento tenha sido especialmente alto, a contribuição do TFPG para o crescimento econômico também foi proporcionalmente elevada durante os períodos de alto crescimento, se comparada aos momentos de crescimento mais lento.

Para as economias do Leste Asiático que apresentaram crescimento mais rápido entre 1960 e 1990 — Taiwan, Coréia do Sul, Cingapura, Tailândia, Hong Kong, Malásia e Indonésia — a acumulação de capital físico e humano explica de 60% a 90% do crescimento econômico, dependendo do país, com a melhoria na produtividade justificando o restante em uma série de estimativas (Yusuf, 2001). Essa contribuição da produtividade para o crescimento é alta em relação a outras economias em desenvolvimento, e está próxima da média em comparação às economias industrializadas.

A experiência do Leste Asiático revela duas abordagens que se reforçam mutuamente: crescimento gerado pela assimilação e crescimento gerado pela acumulação. O crescimento gerado pela assimilação se baseia no aprendizado, na inovação e na incorporação de tecnologias de países economicamente mais avançados. No caso do Brasil, levando-se em conta os seus estoques existentes de capital físico e humano, essa abordagem traduz-se em maiores investimentos em maquinaria e educação, para obter maiores ganhos de produtividade. No entanto, antes de tentar aumentar a quantidade de investimento na economia, talvez seja necessário adotar políticas que facilitem uma melhor alocação de recursos para os setores mais produtivos, com o objetivo de assegurar que novos investimentos fluam para essas áreas.

O crescimento gerado pela acumulação busca aumentar o capital físico e humano disponível na economia, com o novo capital migrando para os setores mais eficientes e estimulando assim a produtividade. O Brasil precisaria garantir que os investimentos na qualificação de sua força de trabalho resultariam no deslocamento da mão-de-obra capacitada para a produção e a inovação, e não para o setor governamental e administrativo. Na Coréia do Sul e em Taiwan, por exemplo, a reforma do setor público para reduzir a burocracia liberou mão-de-obra qualificada para a produção no setor privado. Juntamente com os investimentos em educação, essa estratégia assegurou que o aumento da oferta de trabalhadores capacitados fluísse para a produção e não para a burocracia, elevando desse modo a produtividade.

Nos últimos dez anos, a Irlanda e Taiwan vêm ampliando a fronteira do crescimento gerado pela assimilação de tecnologia. Ambos implementaram reformas multissetoriais na macroeconomia, e nos mercados de crédito e de trabalho, que levaram a ganhos de produtividade e depois a maiores lucros, poupança e investimento que, por sua vez, provocaram uma acumulação de capital mais rápida nos setores mais produtivos. Ambas as economias também passaram por períodos de condições externas favoráveis para investimento e comércio.

Na Irlanda, a renda *per capita* quase dobrou entre 1989 e 2000. A melhoria no padrão de vida catapultou o país de sua situação, próxima ao último lugar, para a sétima posição entre as economias da OECD. O rendimento real *per capita* aumentou de 50%, do nível dos Estados Unidos em 1989, para 75% em 1999 (Fortin, 2001).

Nos últimos 40 anos, a política econômica irlandesa se concentrou na abertura dos mercados, na estabilização da macroeconomia e na geração de superávit fiscal, bem como na reforma tributária, para tornar o ambiente de negócios mais competitivo. Desde os anos 60, a Irlanda praticou uma política de oferta de educação secundária e universitária de qualidade para todos, e a produtividade do trabalho aumentou consistentemente desde os anos 70.

Acordos salariais negociados diretamente entre sindicatos e indústria forçaram uma alta nos salários de 48% do PIB, no início dos anos 70, para 58% em meados dos anos 80, o que tornou a mão-de-obra irlandesa produtiva, mas relativamente cara. A taxa de emprego declinou de um patamar acima de 85% da população economicamente ativa, nos anos 70, para menos de 70% no início dos anos 90. O desemprego subiu para 16%. Por isso, embora o trabalhador irlandês fosse relativamente capacitado, mais de três pessoas em 20 estavam desempregadas (OECD, 1999).

Foram os novos acordos salariais estabelecidos no final dos anos 80 e início dos 90 que permitiram o aumento do TFPG e as altas mais modestas nos salários (Wagle e Shah, 2003). As bases para uma reação econômica favorável já haviam sido estabelecidas anteriormente: um ambiente favorável de negócios com políticas tributárias atraentes, contenção fiscal, abertura comercial, integração com a União Européia e uma força de trabalho relativamente qualificada.

O bom relacionamento entre o trabalho e a indústria, e o incentivo gerado por salários reais mais competitivos influenciaram a ocorrência de altas taxas de investimento direto estrangeiro na Irlanda. Empresas internacionais, entre elas muitas de alta tecnologia, vieram aproveitar as vantagens do clima de negócios, da força de trabalho qualificada e dos salários competitivos no país, produzindo com o objetivo de exportar para o mercado europeu. A Irlanda se beneficiou desse influxo de investimento em alta tecnologia. Um mercado financeiro liberalizado e baixas taxas de juros reais, resultantes da contenção fiscal e do aumento de credibilidade pela adesão às políticas monetárias da União Européia, possibilitaram o investimento em capital físico (Kelly e Everett, 2004). O resultado disso foi a elevação do padrão de vida e da renda para a maioria dos irlandeses. O fator que desencadeou esse processo foi a reforma salarial para aumentar a produtividade, que facilitou o emprego da mão-de-obra para usos mais produtivos.

No caso de Taiwan, nenhuma mudança de política específica iniciou o processo de aumento da produtividade. O país aperfeiçoou gradualmente as suas políticas, o que possibilitou uma aceleração no crescimento da produtividade. Duas iniciativas são especialmente dignas de nota. A primeira é a ênfase contínua nas exportações que é, como outros milagres econômicos do Leste Asiático, uma política que propiciou o financiamento das importações de capital, que vieram acompanhadas de suas tecnologias. A segunda, que diferencia Taiwan das outras economias da região, é o foco nas pequenas e médias empresas (Aw, 2001).

Ao contrário da maioria das economias do Leste Asiático, que passaram por uma desaceleração do TFPG desde a metade dos anos 80, a produtividade de Taiwan cresceu mais rapidamente nos últimos 15 anos do que nos 20 anos decorridos entre 1950 e 1970, quando a produtividade mundial estava em alta. Como a maioria das economias da região direcionaram o crédito para setores favorecidos e subsidiaram as exportações de grandes conglomerados (os *chaebol* na Coréia do Sul, os grupos industriais do Japão), Taiwan estabeleceu mecanismos que facilitaram a entrada, a saída e o acesso a recursos para empresas de qualquer porte.

Em Taiwan, os mais altos níveis de eficiência são alcançados pelas firmas que sobrevivem e crescem, desde empresas que passam de micro a pequenas firmas, até médias empresas que se desenvolvem e se transformam em grandes companhias. Se Taiwan tivesse estimulado apenas as firmas maiores, teria perdido os aumentos de produtividade gerados por suas micro e pequenas empresas. As poderosas forças seletivas do mercado, que promovem a expansão de microempresas produtivas e o fechamento de grandes firmas pouco rentáveis, proporcionam uma importante contribuição ao alto crescimento da produtividade agregada.

Além dos mecanismos que propiciam a seleção automática e os ganhos incrementais na produtividade agregada, Taiwan dispõe de um eficiente sistema legal para a proteção de contratos, que estimula as empresas de portes médio e grande a subcontratar firmas pequenas e médias para fazer seu trabalho, confiantes de que seus pedidos serão atendidos. Essa relação simbiótica entre as empresas permite que a economia taiwanesa se ajuste rapidamente aos choques. Durante os períodos de prosperidade econômica, as grandes companhias expandem rapidamente a sua produção subcontratando outras menores; durante os períodos de desaceleração, as micro e pequenas empresas menos produtivas desaparecem em um processo de seleção natural. O resultado disso é que os negócios mais eficazes sobrevivem e crescem e os menos produtivos deixam de existir, e a economia taiwanesa, ao facilitar esse processo, obtém enormes ganhos de produtividade agregada.

Nem os milagres econômicos do Leste Asiático, nem a Irlanda na década de 1990 e tampouco as economias da OECD cresceram muito nos períodos de inflação acelerada. Embora muitas dessas economias tivessem surtos inflacionários, a maior parte não foi expressiva e apresentou curta duração, além de não ter coincidido com os períodos de elevado crescimento. Uma precondição para o aumento da produtividade e o crescimento sustentável é a estabilidade de preços. A estabilidade dos preços permite que sejam tomadas decisões equilibradas sobre investimentos, orientadas por considerações sobre os altos retornos, enquanto nos períodos de alta inflação, as distorções de preços levam a opções de investimento menos produtivas, por exemplo, no setor imobiliário, como forma de proteção contra a inflação.

O aumento da produtividade também tendeu a coincidir com os períodos de prudência fiscal, o que foi, em parte, resultado de uma relação mutuamente reforçada. A melhoria da produtividade e do crescimento acarreta um aumento da receita tributária, permitindo que os governos alcancem uma posição fiscal mais equilibrada. No caso da Irlanda, da maioria das economias do Leste Asiático e da OECD, os governos tomaram iniciativas para reduzir os déficits e, especialmente no Leste da Ásia, para gerar uma grande poupança no setor público. Em todos os casos recentes de aumento da produtividade e do crescimento, o governo implementou reformas que abriram espaço para as inversões do setor privado.

Outro fator que contribuiu para essa estratégia foram os investimentos em capital humano. Devido ao tempo de espera entre a educação infantil e a formação de mão-de-obra qualificada, os países não devem esperar por períodos de grande crescimento e ganhos de produtividade para começar a investir em educação. Esse é um equilíbrio delicado. Sem uma melhoria subseqüente nas oportunidades de emprego, os países enfrentarão o risco da emigração dos trabalhadores recém-capacitados. No entanto, sem uma força de trabalho qualificada, os países perdem a oportunidade de gerar emprego e atrair mão-de-obra especializada, investimento direto estrangeiro e transferências de tecnologia (Nelson e Pack, 1999).

O Brasil fez progressos significativos em todas essas áreas. A estabilidade dos preços desde a implementação do Plano Real, em 1994, permitiu que fossem tomadas decisões mais equilibradas sobre inversões. O país investiu em recursos humanos. Mais recentemente, o governo reduziu o total de seu déficit fiscal e gerou superávits primários. Contudo, as taxas de crescimento permaneceram relativamente baixas, exceto pela forte alta em 2004. A principal questão é se as recentes iniciativas são profundas o suficiente para sustentar o crescimento a longo prazo e a melhoria na qualidade de vida.

Resultados de melhores serviços

Nos últimos 40 anos, mais de 100 milhões de brasileiros ganharam acesso a um melhor abastecimento de água e 50 milhões foram atendidos com serviços de saneamento. Nos últimos 30 anos, o acesso à eletricidade aumentou de 490 kWh para cerca de 2.300 kWh *per capita*, em grande parte como resultado do desenvolvimento da geração de energia hidrelétrica. Nos últimos dez anos, 20 estados adotaram uma legislação estadual para modernizar a gestão dos recursos hídricos.

No entanto, como no restante da América Latina, cerca de 40 milhões de brasileiros (quase uma em quatro pessoas) não dispõem de água tratada e 90 milhões (metade da população) não têm saneamento básico. Os pobres são os menos atendidos, com falhas na cobertura desses serviços especialmente no Norte e Nordeste e nos municípios com menos de 20 mil habitantes. Os serviços de água e saneamento estão sempre no topo da lista quando os municípios preparam projetos para financiamento.

O Brasil enfrenta dois tipos de crise de água: as secas no Nordeste e a poluição próxima às grandes áreas urbanas. Quase todos os rios que cruzam as áreas urbanas estão altamente poluídos, causando sérios problemas de saúde e danos ambientais, que atingem em sua maioria os pobres, além de crescentes custos de tratamento da água, o que torna a água menos acessível.

O custo do investimento para solucionar esses problemas é assombroso. O gasto para desenvolver novos recursos hídricos está aumentando devido à escassez ou à contaminação das fontes próximas e à localização distante das fontes alternativas. Além disso, o custo da provisão de serviços para regiões e pessoas que ainda não foram atendidas — que vivem em áreas periféricas e em pequenas cidades onde a população está mais dispersa — é maior do que nas cidades mais densamente habitadas. O progresso na oferta desses serviços essenciais requer ganhos de produtividade provenientes das reformas e inovações nas áreas legal, institucional, financeira e técnica.

A eficácia da provisão determinará quais serviços serão fornecidos dentro das restrições orçamentárias. Em 2000, apenas três das 26 empresas de água e saneamento estaduais tiveram perdas nas suas redes de distribuição abaixo de 30% e sete tiveram perdas acima de 50%. Essas enormes perdas estão ligadas à falta de incentivo para investir no aumento da produtividade, o que reflete a fragmentação do controle institucional e a inadequada atenção às operações, à manutenção e às considerações ambientais. As tarifas de água cobrem geralmente os custos operacionais, mas metade das empresas enfrenta déficits que necessitam de apoio fiscal, impossibilitando novos investimentos.

Uma maneira de solucionar a questão é vincular o setor hídrico à gestão e ao planejamento urbano, à coleta e remoção do lixo sólido, aos serviços de saúde, ao planejamento do uso da terra e à proteção ambiental, com o objetivo de melhorar a eficiência e reduzir a perda de recursos. As reformas poderiam garantir que subsídios fossem direcionados com eficácia para os pobres; que padrões ambientais e de engenharia realistas pudessem ser adotados; que práticas de preservação fossem implementadas por meio de mudanças no regime de tarifas e no cálculo de preços da água; que programas de financiamento inovadores produzissem incentivos para aperfeiçoar a eficiência operacional e que uma clara estrutura legal fosse estabelecida para melhorar o ambiente de investimento.

Consideremos de um modo mais geral a situação dos serviços nas áreas urbanas. A pressão pela provisão de serviços é alta e está crescendo já que as áreas urbanas têm mais de 80% da população brasileira, são responsáveis por 90% do PIB e mais da metade dos pobres. A descentralização e uma maior participação do setor privado poderiam gerar retornos mais elevados dos recursos disponíveis, por meio da expansão dos investimentos municipais, da participação do setor privado, da maior eficiência dos serviços urbanos e do aperfeiçoamento da capacidade da administração municipal.

Outra maneira seria melhorar a coordenação dos esforços para elevar os ganhos de produtividade. O transporte urbano sofre com a falta de coordenação nos níveis federal e estadual para integrar o uso da terra e as necessidades do setor. O transporte público, que é utilizado principalmente pela população de baixa renda, está se tornando cada vez mais inseguro e ineficaz, o que afeta a produtividade. A gestão da poluição urbana muito se beneficiaria de uma melhor coordenação e integração multissetorial.

Também é importante o melhor uso dos subsídios e de outras intervenções. O financiamento habitacional precisa se tornar mais acessível, eficiente e eqüitativo. Os pobres são os maiores perdedores no atual sistema, o que é evidenciado pela proliferação de assentamentos informais e de subdivisões de terras clandestinas. Os subsídios e financiamentos habitacionais e a gestão da terra precisam ser integrados para que o impacto seja expressivo.

Resultados para a infra-estrutura

O setor de infra-estrutura detém a solução para desbloquear muitos dos potenciais ganhos de produtividade no Brasil, assim como em outros países da América Latina (Calderón e Servén, 2004). Os gastos logísticos (transporte, armazenamento e custos portuários), que chegam a cerca de 20% do PIB, quase duas vezes o nível dos países da OECD, representam o maior componente das despesas para se fazer negócios no Brasil. A redução desse custo depende em grande parte de uma maior provisão de infra-estrutura pelo setor privado que, por sua vez, depende de uma regulamentação eficaz.

Houve um rápido progresso com a privatização das áreas de telecomunicações, transporte e energia, mas as instituições e regulamentações setoriais ainda apresentam grandes deficiências que impedem a provisão dos serviços e desestimulam o investimento. O fortalecimento do marco regulatório para a infra-estrutura, o estabelecimento de importantes conceitos e normas legais, a capacitação das agências reguladoras e o aumento da transparência e da credibilidade reduziriam muito os riscos dos investidores e promoveriam as inversões de capital.

O financiamento para infra-estrutura é escasso devido às restrições fiscais, a um mercado de capitais doméstico pouco desenvolvido, ao risco-país e ao risco cambial associados às fontes externas de investimento. No entanto, a falta de uma demanda consistente na forma de projetos de infra-estrutura negociáveis em bancos também está atrasando o desenvolvimento do mercado de capitais. O aumento do crédito privado para infra-estrutura dependerá da coordenação das estratégias para o seu desenvolvimento e do mercado de capitais, enfatizando as parcerias público-privadas no planejamento e desenho dos projetos de infra-estrutura, e desenvolvendo incentivos e instrumentos para financiar iniciativas inovadoras com limitado apoio do governo.

Os custos de transporte são particularmente altos para o comércio inter-regional, que ainda é dominado pelos caminhões e bastante afetado pela condição precária das redes viárias e dos portos, devido ao excessivo custo de mão-de-obra e de procedimentos alfandegários desatualizados. Estas são as principais restrições ao desenvolvimento das regiões Norte, Nordeste e Centro-Oeste, e à competitividade internacional do Brasil. Solucionar os problemas de regulamentação mais relevantes e os principais gargalos na infra-estrutura faria com que as ferrovias, a navegação costeira e o transporte multimodal tivessem uma participação maior no crescimento, por meio da redução de seus custos ao longo dos corredores inter-regionais. A promoção de um sistema integrado de transporte multimodal é prioritária para aumentar a eficiência e baixar o custo. O desenvolvimento de ferrovias é de grande valia para o transporte no Brasil. Um novo treinamento e redistribuição do excesso de mão-de-obra portuária, bem como a reforma alfandegária, facilitariam o comércio e contribuiriam para o aumento das exportações.

Um transporte de massa deficiente nas principais cidades e, especialmente, os grandes engarrafamentos causados pelo explosivo aumento dos automóveis também causam perda de tempo e de recursos, além de contribuir para o aumento da poluição do ar. Um desafio é criar um ambiente propício à expansão das grandes cidades e coordenar suas redes de transporte de massa, por meio do co-financiamento estadual e municipal, ou da oferta de instrumentos financeiros para estimular a participação de investidores privados. Outro desafio é ajudar as 30 ou mais cidades de médio porte a integrar melhor o uso da terra, a qualidade do ar e as estratégias de transporte urbano, e reservar corredores exclusivos para ônibus e/ou metrôs, o que evitará futuramente os problemas hoje enfrentados pelas principais cidades.

O custo e a credibilidade da oferta de energia também são importantes para a produtividade e para o ambiente de investimento. O setor energético brasileiro é singular em sua concentração hidráulica. A reforma do setor energético ainda não foi concluída. As deficiências regulatórias e as distorções de preços são as principais barreiras ao investimento privado. As reformas parciais da década de 1990 parecem ter deixado a indústria de energia em um meio-termo entre o controle estatal e o mercado privado.

Incertezas envolvendo o marco regulatório e a falta de incentivos para se investir no setor, junto com os níveis pluviométricos excessivamente baixos, resultaram na recente crise de energia. A conclusão da reforma do setor energético, a revisão da regulamentação para restaurar os incentivos e o fortalecimento das instituições melhorariam o acesso a uma provisão eficiente e confiável de energia. A adequação e distribuição de energia são preocupações importantes e crescentes, pois quando o crescimento econômico acelera, a demanda por energia cresce.

Ambiente favorável aos negócios

O ponto mais forte do Brasil talvez seja o espírito dinâmico e empreendedor de seu povo. Os brasileiros são conhecidos por saber como fazer as coisas. O país sobreviveu a mudanças de regime, crises macroeconômicas e financeiras, altas na inflação e supervalorizações seguidas de desvalorizações da moeda. Se o princípio darwiniano da sobrevivência dos mais fortes se aplica ao setor privado brasileiro, então as empresas que sobreviveram à turbulência econômica das duas últimas décadas têm a vantagem de ser mais adaptáveis, resilientes e produtivas, qualidades que, nos períodos de tranqüilidade econômica e em condições adequadas, podem fazê-las crescer vigorosamente.

A força e o dinamismo do setor privado podem estimular o crescimento brasileiro neste século. A realização desse potencial requer bases adequadas. As políticas públicas podem ajudar poupando mais, evitando o *crowding out* do setor privado, simplificando a arrecadação fiscal com o objetivo de reduzir e distribuir melhor a carga tributária, fornecendo garantias legais para os investimentos, facilitando o registro fundiário para permitir que terras sirvam de caução para os empréstimos, e racionalizando o registro de empresas para incentivar a formalização e o acesso ao crédito. As recentes reformas da previdência social do setor público, melhoras no sistema tributário e a aprovação da nova lei de falências foram passos importantes.

O excesso de burocracia é um obstáculo à economia. Uma análise do Instituto Brasileiro de Planejamento Tributário concluiu que o país criou 37 normas tributárias por dia ou 1,57 por hora em 16 anos, desde o estabelecimento da Constituição de 1988.

> No início de 2005, Pamela Cox, vice-presidente do Banco Mundial para a América Latina e o Caribe teve conversas reveladoras com renomados analistas brasileiros. Durante uma dessas conversas, José Pastore, professor de economia da Universidade de São Paulo, observou como até mesmo simples reformas foram transformadas em lei e como as etapas para dar maior flexibilidade ao mercado de trabalho se tornaram tão legalistas que o mercado não pôde tirar proveito disso em tempo razoável.

São necessários cerca de 15 procedimentos diferentes e 152 dias para iniciar um negócio no Brasil, a um custo médio *per capita* de 11% do PIB. Em comparação, Taiwan requer oito procedimentos, 48 dias e o custo *per capita* é de 6% do PIB e na Irlanda esse processo leva apenas 12 dias e três procedimentos, a um custo *per capita* de 10% do PIB (Banco Mundial, 2004d).

A dificuldade, o custo e a ineficiência para encerrar um negócio no Brasil também constituem um sério impedimento à liberação do capital bloqueado de uma empresa insolvente, com o objetivo de usá-lo em outras finalidades mais produtivas. Um processo de falência leva dez anos para ser concluído, a um custo de 8% do valor do negócio (Figura 11). Os credores, os empregados, as autoridades fiscais e outras pessoas que cobram dívidas das empresas insolventes conseguem recuperar em média dois centavos por dólar, o que corresponde à oitava menor taxa de ressarcimento do mundo. Por outro lado, em Taiwan, o tempo é de dez meses a um custo de 4% do valor da empresa e os reclamantes recuperam em média 90 centavos por dólar. Na Irlanda, o tempo é de cinco meses a um custo de 8% do valor do empreendimento e os reivindicantes recuperam 89 centavos por dólar.

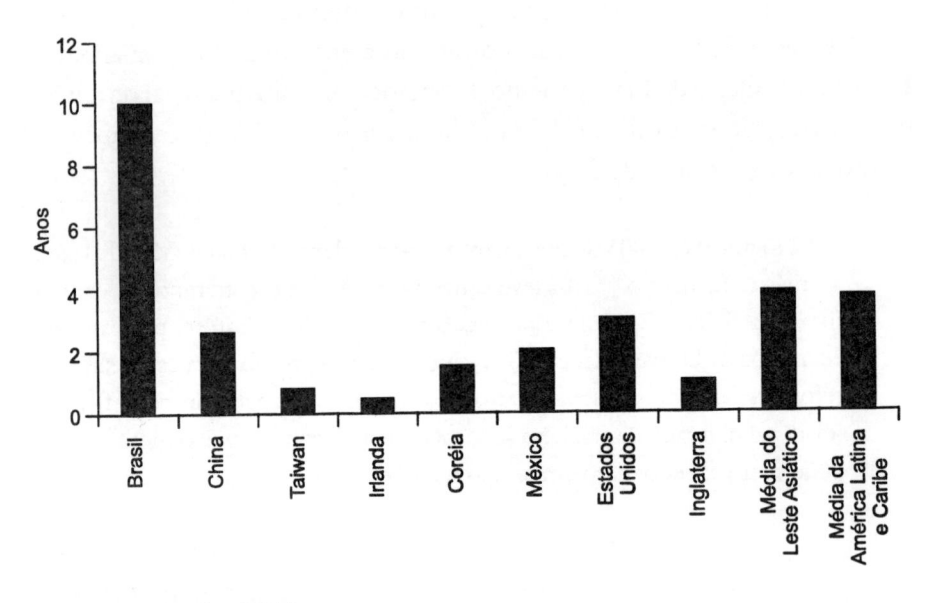

FIGURA 11
Tempo em anos para resolver uma insolvência, 2003

[Gráfico de barras — Anos (eixo vertical, 0 a 12):
- Brasil: ~10
- China: ~2,7
- Taiwan: ~0,9
- Irlanda: ~0,6
- Coréia: ~1,7
- México: ~2,2
- Estados Unidos: ~3,2
- Inglaterra: ~1,2
- Média do Leste Asiático: ~4,2
- Média da América Latina e Caribe: ~4,1*]

Fonte: Banco Mundial, 2004d.

A rapidez e eficiência com que as empresas são fechadas e seus recursos realocados para outras finalidades leva a resultados mais produtivos em Taiwan e na Irlanda do que no Brasil. O fato de os reclamantes recuperarem uma grande parte de seus investimentos, após uma falência, acarreta decisões mais agressivas sobre investimentos e estimula a criação, inovação e produtividade dos empreendimentos.

> Em uma recente visita ao Estado do Rio de Janeiro, no momento em que passávamos pela ponte Rio-Niterói, meu colega Gabriel Azevedo, líder setorial para o Brasil, lembrou que a construção da ponte foi iniciada por volta de 1968. Como estávamos falando sobre o tempo necessário para encerrar um negócio, ele se perguntou se a agência criada para supervisionar a construção da ponte já teria sido dissolvida, levando-se em consideração que é muito difícil fechar uma empresa, mesmo quando ela já tenha cumprido o seu propósito e não precise mais existir.

A proteção ao cumprimento de contratos também é mais deficiente no Brasil. São necessários 16 procedimentos e 380 dias para solucionar uma disputa contratual, comparado a 15 procedimentos e 210 dias, em Taiwan, e 16 procedimentos e 183 dias, na Irlanda. Um menor tempo para judicialmente executar um contrato permite que as firmas operem com maior flexibilidade, facilitando, por exemplo, as subcontratações em Taiwan, o que possibilita às grandes companhias repassar trabalhos para as micro e pequenas empresas.

Se o Brasil pudesse ter um ambiente de negócios semelhante, com maior simplicidade para a abertura de firmas e a execução de contratos, isso facilitaria o crescimento das micro e pequenas empresas, e levaria possivelmente ao aumento da produtividade e do emprego. Nesse contexto, o principal problema são as pressões institucionais entre a necessidade de um marco legal previsível, por um lado, e de processos eficientes, por outro. Chegar a um bom equilíbrio é o desafio que o governo precisa enfrentar e é o que influencia a eficácia das funções administrativas, do setor privado e também das agências internacionais.

> Jaques Wagner, quando ministro do Trabalho e Emprego, observou certa vez sobre a importância de se concluir negociações e procedimentos comerciais: "Um final trágico é melhor do que uma tragédia sem fim."

Existe um vínculo determinante entre investimentos e o ambiente de negócios, bem como entre investimentos e a qualidade de vida. No setor de infra-estrutura, por exemplo, as pesquisas mostram que os extremamente necessários investimentos em qualidade teriam resultados a longo prazo sobre a melhoria do ambiente de negócios e o bem-estar social. Considerando-se as restrições fiscais às novas inversões do setor público, é preciso encontrar outros meios de garantir que o estoque de infra-estrutura receba o mínimo necessário para manter um nível de serviço aceitável.

As melhorias no transporte urbano também são importantes. O acesso seguro e confortável ao trabalho é um componente determinante da qualidade de vida urbana, que ainda não foi concretizado nas principais cidades brasileiras. Alguns estudos sugerem que as deficiências nos transportes urbanos contribuem para a baixa produtividade, forçando os trabalhadores a se levantar muito cedo para tomar dois ou três tipos de condução, com grande risco de assaltos e roubos, para chegar ao local de trabalho. Uma pesquisa-piloto do Ipea para o município de Osasco, em São Paulo, indicou que o tempo perdido no transporte urbano pode contribuir para uma queda de 14% na produtividade das fábricas (Colenci e Kawamoto,1997).

Conhecimento e tecnologia

A ciência e a tecnologia poderiam se tornar áreas de avanço dinâmico para o Brasil. Economias como as da Costa Rica, Israel, Coréia do Sul e Malásia abriram nichos no setor de exportação de manufaturados, especialmente por meio do emprego de tecnologias novas ou mais avançadas. A parcela das exportações de alta tecnologia desses países em relação ao total das exportações de manufaturados corresponde a cerca de 25% a 50%. No Brasil essa cifra é de 18% (embora em dez anos esse percentual tenha aumentado em um terço). A tecnologia também é importante na exportação de serviços: um exemplo convincente foi o rápido aumento das exportações de tecnologia da informação da Índia, que cresceram aproximadamente 50% ao ano na última década.

> Há um grande interesse no Brasil pela economia do conhecimento. Em uma reunião que discutiu esse tema, no Conselho Econômico e Social, em 2003, o presidente do conselho e depois ministro da Educação, Tarso Genro, chegou a conclusões ambiciosas sobre o que o Brasil precisa fazer para competir melhor na economia global. Estados como Minas Gerais e Pernambuco estão atribuindo uma grande importância a essa questão. O 16º Fórum Nacional, em 2004, presidido pelo ex-ministro do Planejamento, João Paulo dos Reis Velloso, também tratou da economia do conhecimento e produziu uma série de estudos bastante influentes sobre esse tema.

A Figura 12 mostra uma representação visual relativa dos pontos fortes e fracos dos países nessa área, onde é feita uma comparação entre o Brasil e a

Coréia do Sul (Dahlman e Thomas, 2000). É marcante a vantagem da Coréia no que tange às baixas margens de taxas de juros e ao alto ritmo de crescimento econômico. Também são notáveis o gasto público em educação, um tanto menor como percentual do PIB na Coréia, e o maior número de anos estudados em comparação com o Brasil.

FIGURA 12

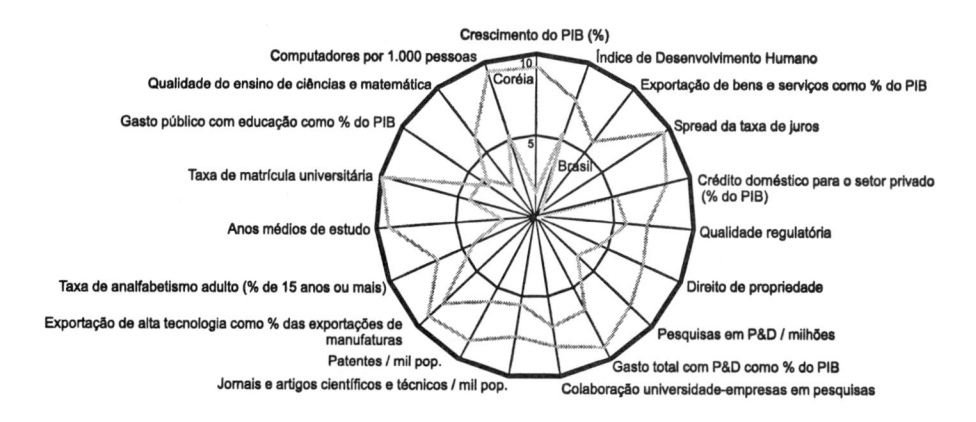

Expansão das oportunidades no Brasil
(últimos dados disponíveis)

Fonte: Instituto Banco Mundial.

A formação de uma economia baseada no conhecimento permite que um país obtenha o melhor de suas reais vantagens onde quer que elas se encontrem, também tornando o país mais preparado para aproveitar novas oportunidades quando estas se apresentarem. É comum achar que o comércio e o desenvolvimento precisam se apoiar na indústria. No entanto, a experiência dos dias de hoje mostra que este não é o caso em todos os países. Quanto ao Brasil, algumas de suas maiores vantagens comparativas repousam sem dúvida em áreas menos enfatizadas.

A ciência e tecnologia é uma dessas áreas; música, arte e cultura é outra, e o mesmo se dá com o ecoturismo. Os parques tecnológicos no Rio de Janeiro, em Porto Alegre, Recife, São Leopoldo e Santa Rita do Sapucaí são exemplos promissores do estímulo ao uso da tecnologia nos negócios.

Tive a oportunidade de assistir a apresentações convincentes sobre essas possibilidades. Em um seminário sobre Ciência e Ensino Superior, em 2003, o então ministro da Educação (e agora senador), Cristóvam Buarque, começou sua apresentação fazendo uma forte defesa da importância da inclusão social, da sustentabilidade ambiental e da cultura. Ele afirmou que a educação influencia todos esses aspectos e também é influenciada por eles. Acredito que o argumento seja mais persuasivo quando este tipo de ligação é feita do que quando se utilizam argumentos previsíveis em favor de um setor.

A disponibilidade de recursos naturais é uma ajuda ou se constitui em um entrave às inovações? O Brasil dispõe de empresas sólidas, como a Embrapa, a Embraer, a Petrobras e outras, cuja incorporação da inovação e da tecnologia teve uma influência importante na nova maneira de se utilizar os recursos, uma prática que continua a ser adotada. A experiência da Austrália, do Canadá, do Chile, da Finlândia e da Suécia, entre outros países, sugere que a combinação do conhecimento com o uso sustentável dos recursos naturais, o investimento em capital humano e as políticas de abertura comercial devem se tornar um impulso potencialmente vigoroso para o crescimento. O conhecimento e os recursos naturais são complementares e seu potencial é mais bem aproveitado por meio de uma maior abertura, investimentos em capital humano e pesquisas público-privadas nos setores que utilizam os recursos naturais de maneira intensiva.

Acesso a serviços financeiros

Como Taiwan mostrou, as micro e pequenas empresas podem estar entre as mais produtivas. No Brasil, uma comparação entre firmas de pequeno e grande portes concluiu que as pequenas empresas enfrentam mais desvantagens no acesso ao crédito (Kumar e Francisco, 2005). A exclusão das micro e pequenas empresas dos mercados de crédito impede o processo de seleção natural no qual uma firma mais produtiva cresce e outra menos produtiva desaparece. A exclusão dessas empresas dos mercados financeiros significa que mesmo as micro e pequenas empresas brasileiras mais produtivas continuam pequenas e limitadas em sua capacidade de produção. A expansão dos serviços financeiros a todos os tipos de negócio e o fortalecimento das redes de informação para que as micro e pequenas empresas possam obter crédito a um custo razoável ajudará a enfrentar essas restrições.

Comparado à América Latina como um todo e a outros países da região, o Brasil conta com uma capacidade financeira e serviços de intermediação razoavelmente bons. O crédito para o setor privado foi de 35% do PIB, em 2003, comparado a 11% na Argentina e 18% no México, ambos mais ricos que o Brasil. No entanto, nas economias do Leste Asiático e da OECD, a parcela do crédito em relação ao PIB é muito maior, de 104% na Coréia do Sul, 122% na Irlanda e 149% em Hong Kong (Figura 13).

FIGURA 13
Crédito para o setor privado como parcela do PIB, 2003

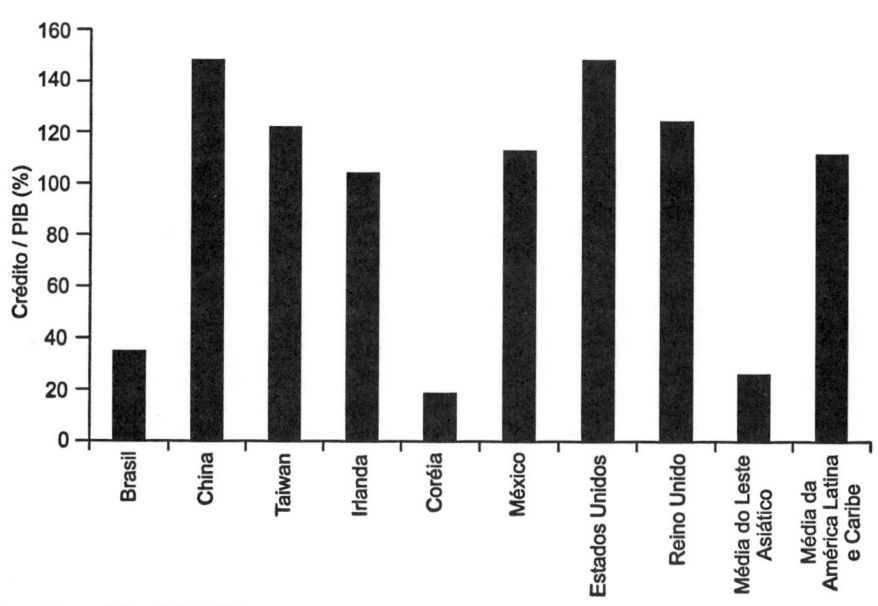

Fonte: Banco Mundial, 2004d.

No Brasil, o crédito é muito concentrado, sem que essa alocação seja necessariamente produtiva. Apenas um em três brasileiros (60 milhões em 180 milhões) têm conta em banco. A menor parcela de crédito *per capita* está nas regiões Norte e Nordeste. No Nordeste, os depósitos *per capita* são mais elevados que o crédito, indicando que a maior parte do financiamento na região é proveniente dos ganhos retidos.

Cerca de 30% dos municípios brasileiros (ou 1.680) não tinham uma agência bancária em 2002. Isso significa que muitas boas idéias nunca obtêm financiamento para se concretizar, especialmente nas regiões mais pobres onde é provável que um real marginal de crédito provoque um impacto muito maior na produção e na eficiência do que nas regiões onde o crédito é significativamente mais elevado. O governo fez grande esforço para estabelecer outros pontos de serviço. Hoje, praticamente todos os municípios são servidos por alguma agência bancária, o que representa uma mudança notável.

No Brasil, o crédito direto foi muito reduzido, mas seu papel ainda é importante, especialmente nos setores rural e habitacional. O crédito direto é financiado pelos impostos explícitos e implícitos, viabilizado pelos bancos públicos e regido por taxas de juros administradas. Há indicações de que os programas de crédito direto no Brasil não alcançam os grupos tradicionalmente excluídos e está aumentando os *spreads* de outros créditos, em detrimento de muitas firmas de portes micro e pequeno e de empresas informais. No Programa Nacional de Fortalecimento da Agricultura Familiar (Pronaf), 2% dos maiores mutuários recebem 57% dos empréstimos, enquanto 75% dos menores ficam com 6%.

Todos que não têm acesso a crédito direcionado, especialmente as micro e pequenas empresas, precisam pagar mais para obter financiamento, devido a esses tipos de programas. Guillermo Perry, economista-chefe do Banco Mundial para a América Latina e Caribe, observou que esse efeito do crédito direto sobre o aumento do custo do capital representa uma experiência importante para muitos países. Em 2003, os *spreads* no Brasil estavam em média 40 pontos percentuais acima da taxa preferencial de juros anual (selic). Cerca de 16 dos 40 pontos percentuais eram devidos às margens bancárias, para compensar os empréstimos com taxas abaixo do mercado concedidos pelos programas de crédito direcionado. As despesas com inadimplências correspondem a cerca de sete pontos percentuais desse *spread*. Isso sugere que o Brasil poderia reduzir aproximadamente à metade as taxas finais pagas pelos mutuários se os índices de recuperação de empréstimos inadimplentes melhorassem e se os bancos reduzissem suas margens de lucro — entre outras medidas — em decorrência de uma menor proporção do crédito direcionado em relação ao total dos empréstimos e de maior competição.

A expansão do microcrédito também é importante para aumentar a produtividade e o bem-estar social. No Brasil, os 4,1 milhões de micro e pequenas empresas concentram 45% do trabalho formal e mais de 60% do emprego urbano. Elas representam a principal fonte de renda direta ou indireta para 60 milhões de brasileiros, e geram cerca de 20% do PIB. Por isso, há benefícios socioeconômicos significativos para garantir que as firmas mais produtivas disponham de recursos para se expandir. São prioritárias as reformas institucionais para impulsionar essa agenda.

A maioria dos países latino-americanos conseguiu uma penetração substancialmente maior do mercado de microcrédito, de 27% no Chile até um nível aparente de saturação na Bolívia, comparado com 2% no Brasil (Tabela 5). Estima-se que o mercado de microcrédito brasileiro abranja mais de 7,8 milhões de clientes. Embora a cobertura tenha aumentado de quase zero em 1994 para 160 mil em 2001 e 200 mil em 2004, esta ainda continua a ser uma pequena parcela do total.

O Brasil adotou recentemente várias medidas para aumentar o microcrédito. Uma parte dos depósitos bancários estão reservados para essa finalidade, e foram estabelecidos prazos especiais para pequenos empréstimos e taxas de juros com limite superior abaixo das taxas de mercado. Essas medidas levaram a um aumento do microcrédito, mas podem desestimular o microcrédito privado com taxas de juros de mercado, e não está claro se essa abordagem é sustentável. A experiência brasileira indica que o principal desafio para as micro e pequenas empresas não é tanto a incidência de altas taxas de juros para empréstimos, mas a falta de acesso ao crédito. O Brasil pode começar a adotar progressivamente as taxas de empréstimo de mercado para evitar o desestímulo ao microcrédito privado.

Tabela 5
Penetração das microfinanças no Brasil e em outros países, 2001

País	Tamanho estimado do mercado (1000)	Clientes atuais (1000)	Taxa de penetração do mercado (%)
Bolívia	232,3	379,1	163
Nicarágua	116,4	84,3	72
El Salvador	136,3	93,8	69
Paraguai	83,0	30,2	36
Peru	618,3	185,4	30
Chile	307,8	82,8	27
Brasil	7.875,6	158,7	2

Fonte: Kumar, 2002.

Flexibilidade das leis trabalhistas

As leis trabalhistas no Brasil datam de 1940, quando a estrutura da economia era muito diferente do que é hoje, e os avanços tecnológicos e ajustes econômicos levavam consideravelmente mais tempo para serem implementados. As reformas nas leis do trabalho são necessárias, mas essas mudanças apresentam pontos politicamente sensíveis.

A inovação, medida pelo número de patentes e de novos avanços, sofreu uma rápida aceleração no mundo inteiro nas últimas três décadas. Novas indústrias e áreas de atividade econômica emergiram, enquanto outras, incluindo muitas das indústrias de equipamento pesado, não são mais consideradas as estrelas da economia. Nos Estados Unidos, o fato de a Google e a Microsoft valerem muito mais do que a General Motors e a Boeing é uma evidência dessa mudança de foco da indústria pesada para os serviços altamente qualificados.

As leis trabalhistas brasileiras refletem a crença de que a indústria pesada, com longos contratos de trabalho, seria a principal forma de atividade econômica (Banco Mundial, 2002). Existem impedimentos à contratação de trabalhadores e muitos outros obstáculos para a dispensa dos mesmos. A contratação de mão-de-obra em meio expediente é extremamente limitada e as leis trabalhistas estimulam o litígio para solucionar as disputas entre patrões, empregados e seus sindicatos. Esse modelo de relação entre empregador e funcionário não é adequado à nova economia baseada na inovação, que enfatiza mais os serviços do que a indústria e que requer rápidas transições e mudanças para responder às transformações do mercado.

Em um índice de rigidez para abertura de postos de trabalho, o Brasil se situa entre os dez países mais difíceis para se gerar emprego. Uma expansão temporária de 50% na produção implica uma elevação acima de 100% no custo do trabalho. Esse mesmo crescimento provocaria um aumento de gastos trabalhistas de cerca de 30% na Malásia, 6% no Quênia e 0% na Irlanda. (Banco Mundial, 2004d.)

Para o Brasil, isso significa que uma empresa operando em plena capacidade terá que elevar muito os seus gastos para expandir temporariamente a produção, o que implicará um aumento de preços para controlar a demanda e compensar o custo mais alto do trabalho. Um mercado de trabalho mais flexível, que permita horas extras, trabalho noturno e nos fins de semana, sem penalizar as empresas pela contratação de mais trabalhadores durante os picos de demanda, ajuda a baixar a inflação por meio da redução do custo devido ao aumento de produção.

Há também os custos sociais. Quando as normas trabalhistas são muito rígidas, as empresas buscam outros meios para se manter competitivas. Elas fazem contratos informais de trabalho e não cumprem com os benefícios sociais. Os países cujas leis trabalhistas são mais rígidas têm um maior setor informal e uma parcela mais alta de trabalho infantil. Nos países onde é mais difícil dispensar empregados, os 20% mais pobres da população têm participação menor na renda nacional. Se o objetivo da rigidez nas leis trabalhistas é proteger os pobres, o seu efeito é contraditório e causa danos à produção e ao crescimento.

Uma legislação mais flexível gerará aumentos significativos na produtividade e no crescimento, bem como no bem-estar social, como demonstrou a experiência da Irlanda. Apesar dos salários reais mais baixos, depois das reformas no mercado de trabalho, a renda cresceu, porque mais pessoas foram empregadas, os indicadores sociais melhoraram e muitos irlandeses que viviam no exterior retornaram ao país para se beneficiar de um melhor padrão de vida.

* * *

O conceito de produtividade abrange uma série de atividades econômicas do governo, do setor privado e da sociedade civil. A eficiência está relacionada à organização, aos marcos regulatórios e à eficácia dos procedimentos. Implica também tecnologia, antiga e nova, cuja aplicação produz melhores resultados. A atualização e o aperfeiçoamento dos procedimentos tecnológicos estão ligados à ciência, à pesquisa e ao desenvolvimento, bem como aos marcos regulatórios e às políticas.

Este capítulo ressalta que, tendo em vista as condições particulares do Brasil, melhorar a produtividade é uma prioridade maior do que a acumulação dos fatores. Esse aumento na produtividade pode decorrer de grandes investimentos como, por exemplo, na provisão de serviços, em conhecimento e em tecnologia. Também vem de reformas fundamentais no ambiente de negócios, no setor financeiro e no mercado de trabalho. Algumas reformas importantes, como as do mercado de trabalho, podem ser politicamente sensíveis e/ou precisam de alterações na legislação. Outras, como o ambiente para as empresas, dependem de ações administrativas e assim parecem ser mais facilmente atingíveis.

A questão da produtividade se aplica com especial significado às riquezas naturais do Brasil. O país foi abençoado com abundantes reservas, que coexistem com a escassez em algumas regiões e com os problemas da pobreza e da degradação dos bens naturais. Estes serão o tema do próximo capítulo.

4

SUSTENTABILIDADE

> *Podemos usar as dádivas da natureza como quisermos, mas nos livros, os débitos serão sempre iguais aos créditos.*
>
> Mahatma Gandhi

Poucos países competem com o Brasil em termos de abundância de recursos naturais ou dos desafios ambientais deles resultantes. O ambiente natural exerce um enorme impacto sobre a qualidade de vida das pessoas e sobre o patrimônio de um país. O ambiente urbano também provoca um efeito determinante no bem-estar da população.

Prefeitos, secretários do governo e trabalhadores do setor do meio ambiente reuniram-se em uma conferência, no final de 2004, para avaliar o Programa Nacional de Florestas. O consenso geral era de que o programa estava sendo muito eficiente, mas havia também uma certa frustração porque seu progresso tinha sido lento. A modéstia da abrangência do programa em relação à enormidade dos desafios não foi esquecida no discurso da ministra Marina Silva. Ela recobrou o ânimo da equipe, lembrando que a contribuição de cada um poderia fazer diferença.

A ministra contou esta história: "Em um pequeno vilarejo na Índia, uma professora notou que em sua sala de aula havia uma menina que tinha um belo sorriso, mas que só usava roupas surradas. Então, ela comprou para a aluna um bonito vestido azul. No dia seguinte, surpresa ao ver a filha com um novo vestido, a mãe a enfeitou de modo que a menina ficou com uma nova aparência. Admirado com a beleza da filha, o pai decidiu arrumar a casa, para que ficasse à altura da aparência de sua filha. Vendo que a casa da família estava bonita, os vizinhos decidiram cuidar também de suas moradias. Os líderes comunitários notaram como o aspecto de todo o bairro havia melhorado e começaram a viabilizar mais recursos para ele..." Essa história nos ensina que pequenas melhorias podem levar a grandes transformações.

Existe um crescente interesse e debate sobre os recursos naturais do Brasil. No entanto, considerando-se a magnitude de sua riqueza natural, a rápida velocidade com que é utilizada ou destruída, e o vasto potencial do qual se deveria fazer melhor uso, o nível de interesse doméstico e internacional é surpreendentemente baixo. Muitos bons programas buscam tratar dos desafios impostos pelo meio ambiente, alguns tentam estimular os esforços ambientais em outras atividades, enquanto outros têm como objetivo influenciar as forças do mercado para que melhores resultados sejam obtidos.

Todos concordam que essas iniciativas são de pouca abrangência em relação à força da destruição ambiental e que é preciso encontrar maneiras de ampliá-las para ajudar o desenvolvimento brasileiro a se tornar mais sustentável.

Há um número cada vez maior de pessoas que acreditam que um meio ambiente sustentável é vital para o crescimento econômico e o bem-estar da população. O Instituto Brasileiro de Geografia e Estatística (IBGE) conduz excelentes pesquisas que produzem grande impacto sobre a opinião pública e os formuladores de políticas. Uma pesquisa recente junto a prefeitos mostrou que quatro entre cinco administradores municipais destacaram graves problemas ambientais, tais como água, poluição, assoreamento, erosão e desmatamento, como as principais preocupações que afetam seus municípios. Metade deles vinculou a agricultura não-sustentável e outras práticas econômicas à degradação ambiental, enquanto um terço relacionou diretamente a destruição do meio ambiente às perdas econômicas.

Preciosos ativos

O Brasil ocupa o segundo lugar em área total de florestas, depois da Rússia, e o primeiro em termos de floresta tropical. O país possui os maiores reservatórios de água doce do mundo, uma enorme biodiversidade e um clima que permite três colheitas anuais em algumas áreas, o que torna o setor agrícola um dos mais produtivos do mundo.

O capital natural brasileiro abrange um espectro muito amplo de recursos renováveis e não-renováveis — da floresta amazônica, da Mata Atlântica e do cerrado, que são ricos em biodiversidade, aos recursos minerais, energéticos e hídricos muito abundantes, mas distribuídos de modo desigual em termos de espaço e tempo, em todas as regiões, e entre as áreas urbanas e rurais.

Os problemas variam em cada uma dessas áreas e regiões. No Norte e no Nordeste, os recursos naturais constituem uma parcela muito maior dos bens dos pobres do que dos ricos. Garantir a sua preservação e seu uso controlado é, portanto, uma condição de eqüidade bem como de sustentabilidade. Uma grande parte dos danos ambientais é irreversível (como a quase desaparição da Mata Atlântica e as perdas no cerrado e na caatinga nordestina). A degradação urbana também afeta desproporcionalmente os pobres: a deficiência na provisão de água e esgoto, em particular, causa graves prejuízos à saúde. A relação entre o uso dos recursos, o crescimento e a pobreza merece maior atenção (Quadro 4).

O capital natural é parte do patrimônio básico para o desenvolvimento de um país e com impacto na qualidade de vida das pessoas. Um dos maiores desafios do Brasil é transformar a sua riqueza natural em riqueza material e bem-estar social. Essa transformação depende da distribuição e do uso dos ativos naturais.

O uso insustentável e o rápido esgotamento das florestas, dos recursos hídricos e do solo arável talvez impulsionem temporariamente a economia brasileira, mas a expensas de um maior crescimento a longo prazo. O Brasil tem a oportunidade — que muitos países industrializados já perderam — de garantir que seu processo de desenvolvimento utilize os recursos naturais de modo produtivo e sustentável, para que a sua contribuição ao crescimento e ao bem-estar se estenda por muitas gerações. Ao contrário da riqueza petrolífera, o patrimônio natural brasileiro tem a vantagem de ser renovável e, se for utilizado de modo sustentável, durará por várias gerações.

Quadro 4
Meio ambiente e crescimento

Existem muitas razões para que cuidemos do meio ambiente. Entre elas estão a sua contribuição para a saúde da população, a proteção do patrimônio de uma nação e a preservação da biodiversidade. Em um país com uma riqueza natural como a do Brasil, existe também o vínculo entre o meio ambiente e o crescimento econômico.

Esse vínculo tem aspectos temporais e distributivos. Percepções intuitivas sugerem que, embora a negligência com o meio ambiente possa ser compatível com um crescimento a curto prazo, isso tem um custo alto a longo prazo.

A principal razão pela qual as melhores soluções para o crescimento e a proteção do meio ambiente não surgem automaticamente decorre do fato de que os ganhos privados diferem dos sociais devido a externalidades. Uma maneira de tratar desse desequilíbrio é estabelecer direitos de propriedade mais sólidos, bem como esquemas tributários e de subsídios para melhor combinar os interesses privados e os sociais. Uma opção mais sustentável envolve a permissão de que os mercados participem dos ganhos sociais provenientes de um meio ambiente mais adequado.

A Figura 14 ilustra os desafios e as possibilidades. Os recursos naturais disponíveis são mostrados pelo tamanho do eixo X. Em uma direção (da esquerda para direita) BML_C mostra os retornos líquidos adicionais do uso dos recursos naturais aplicando-se a abordagem atual, do ponto de vista dos interesses privados. Na outra direção (da direita para a esquerda), BML_S mostra os retornos líquidos adicionais, também sob a perspectiva dos interesses privados, se for adotado um caminho mais sustentável. De acordo com o cenário atual, em equilíbrio E_1, haveria um grande número de abordagens insustentáveis, ON_1, mas somente um pequeno número de práticas sustentáveis, $O'N_1$.

Melhores resultados poderiam ser obtidos por meio de um imposto que reduziria os benefícios privados provenientes do caminho menos sustentável ou de esquemas de mercado que elevariam os ganhos do setor privado, sob o ponto de vista mais sustentável.

FIGURA 14
Retornos da sustentabilidade

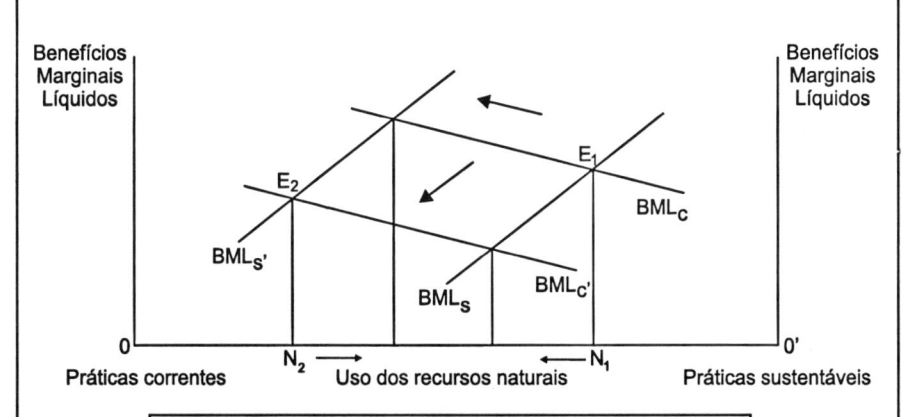

BML_C – Benefícios Marginais Líquidos das Práticas Correntes
BML_C' – O mesmo com os impostos
BML_S – Benefícios Marginais Líquidos com Práticas Sustentáveis
BML_S' – O mesmo com subsídios

Se os ganhos privados, para as práticas atuais, pudessem ser modificados dessa ou de outras maneiras, o esquema resultante seria BML_C'. Uma situação ainda melhor seria a criação de mecanismos para elevar os níveis de retorno do setor privado, provenientes de práticas sustentáveis, que correspondem de forma mais apropriada ao verdadeiro valor social dos recursos naturais, e a nova relação seria BML_S'. Com ambos os desvios, o novo equilíbrio seria em E_2, com o nível das práticas sustentáveis maior em $O'N_2$ e o das práticas atuais menor em ON_2. Essa perspectiva seria melhor para o crescimento a longo prazo e para a redução da pobreza — uma hipótese que valeria uma análise mais aprofundada.

Valor das florestas

A Amazônia Legal brasileira abrange 60% do território nacional, abriga 21 milhões de pessoas e é o maior bioma de floresta tropical do mundo. Todos os países da Europa, com mais de 400 milhões de habitantes, caberiam na Amazônia, e ainda sobraria espaço (Figura 15).

FIGURA 15
Comparação do tamanho da Amazônia brasileira e da Europa

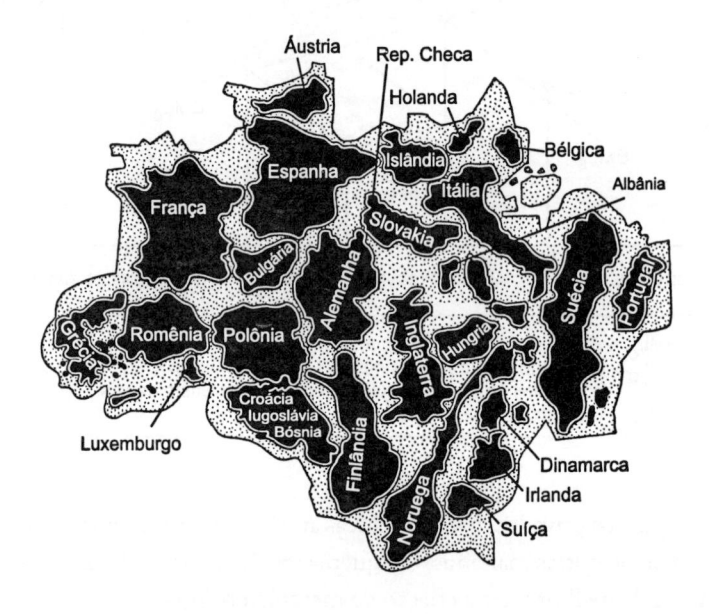

Fonte: Dados do Banco Mundial.

O valor da Amazônia repousa em suas três principais funções: cobertura florestal, reserva de biodiversidade e reservatório de carbono. As comunidades locais dependem da Amazônia para seu sustento. Como abrigo para 10% a 20% de todas as espécies conhecidas, a Amazônia é uma das maiores reservas de biodiversidade do mundo (Capobianco *et all*, 2001). A região também serve como reservatório de carbono, em que cada hectare detém aproximadamente 300 a 500 toneladas desse elemento. Essas funções são de inquestionável importância global.

As mudanças em larga escala no uso da terra, que ocorrem na região, estão modificando rapidamente os seus processos ecológicos. A pecuária, a agricultura e a extração de madeira levam ao desmatamento, que modifica as condições atmosféricas regionais e globais, assim como o balanço de carbono. A queima de florestas e a liberação de carbono na atmosfera torna o Brasil um dos 20 países do mundo que mais contribuem para as emissões de dióxido de carbono. A Amazônia é também um regulador climático local e presta vários serviços ecológicos ao país, por exemplo, provendo os ciclos das águas. O rápido desmatamento interfere nessas funções.

Tabela 6
Emissões anuais de dióxido de carbono, 2000
(kilotons)

Classificação	País	Emissões
1	Estados Unidos	5.601.509
2	China	2.790.451
3	Federação Russa	1.435.057
4	Japão	1.184.502
5	Índia	1.070.859
6	Alemanha	785.510
7	Reino Unido	567.843
8	Canadá	435.858
9	Itália	428.171
10	Coréia do Sul	427.014
11	México	423.972
12	Arábia Saudita	374.344
13	França	362.432
14	Austrália	344.760
15	Ucrânia	342.771
16	África do Sul	327.279
17	Irã	310.301
18	**Brasil**	**307.520**
19	Polônia	301.346
20	Espanha	282.934

Fonte: Dados do Banco Mundial.

Durante os anos 70 e 80, as taxas de desmatamento atingiram seus pontos mais altos como conseqüência das políticas adotadas, inclusive de impostos e subsídios, implementadas pela Superintendência de Desenvolvimento da Amazônia (Sudam). Foram abertas rodovias na região, como a BR-364, e outros incentivos foram estabelecidos para estimular os brasileiros a migrar para a fronteira da Amazônia e cultivar o solo. Desde então, essas políticas foram revogadas, mas não antes de terem levado a um aumento da população ao longo da fronteira amazônica e a maiores pressões sobre a floresta.

Desde a década de 1950, a floresta amazônica sofreu uma redução de cerca de 15%, a princípio ao longo do arco do desmatamento que se estende de Rondônia ao Norte do Mato Grosso e ao Sul do Pará. Nos anos 90, houve um declínio na devastação, para menos da metade das taxas das décadas de 1970 e 1980, mas esse índice começou a acelerar novamente em 2002, encontrando-se acima dessa média em 2003 e 2004 (Figura 16).

FIGURA 16
Desmatamento na Amazônia (km²/ano) de 1978 a 2004

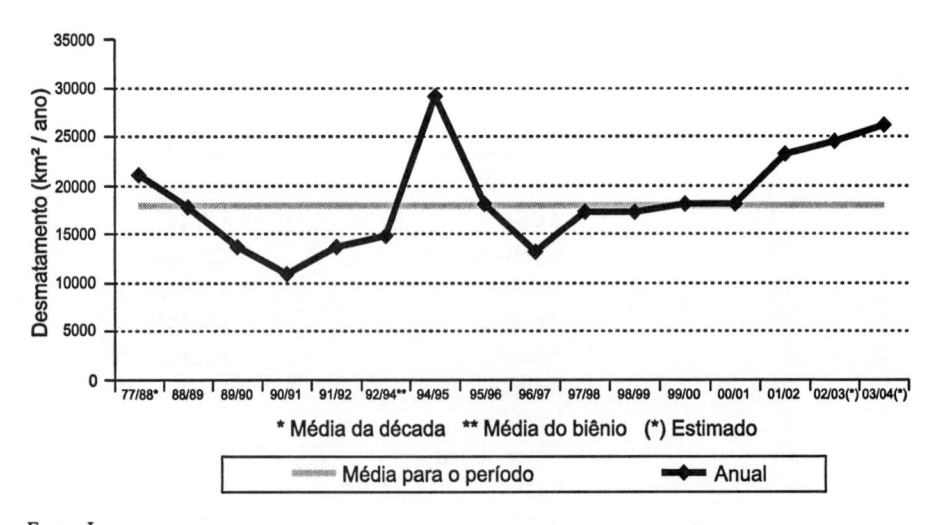

* Média da década   ** Média do biênio   (*) Estimado

Fonte: Inpe.

De vez em quando, os especialistas reunidos em um seminário mostram-se verdadeiramente surpresos com as conclusões apresentadas. Sérgio Margulis, economista sênior do Banco Mundial, apresentou os resultados de um estudo sobre as causas do desmatamento na Amazônia — que seriam mais ligadas à pecuária do que previamente identificado — em um seminário em 2004, no nosso escritório em Brasília, para um grupo que incluiu o ministro da Integração Nacional, Ciro Gomes, e a ministra do Meio Ambiente, Marina Silva. Podia-se perceber que algumas das conclusões eram surpreendentes para os especialistas ali reunidos — um exemplo de como o poder do conhecimento influencia as percepções.

O estudo mostrou que o mais forte fator responsável pelo desmatamento foi a expansão da pecuária na Amazônia. O Brasil possui o maior rebanho do mundo com mais de 190 milhões de cabeças de gado, ou seja, mais de um para cada brasileiro. A pecuária ocupa 75% da terra desmatada, com fazendas de médio e grande portes concentrando a maior parte da extensão da terra (Margulis, 2003).

Os retornos econômicos do desmatamento e da pecuária são altos na Amazônia — maiores do que os ganhos da pecuária em outras regiões ou resultantes de outras atividades na Amazônia. Por exemplo, a renda líquida anual proveniente da pecuária na cidade de Alta Floresta, em Mato Grosso, é de US$ 139 por hectare e de US$ 103 na cidade de Paragominas, no Pará. Nas áreas de pecuária tradicionais do Sul e Sudeste, os retornos são substancialmente menores como, por exemplo, US$ 65 por hectare em Tupã, no estado de São Paulo.

Essas grandes diferenças estimulam a expansão da pecuária na Amazônia. Além disso, com o aumento da exportação de carne brasileira, principalmente das regiões Sul e Sudeste, para o restante do mundo, houve uma maior demanda de carne da Amazônia para atender às necessidades do consumo interno. Quando a febre aftosa for erradicada da região, a carne da Amazônia poderá ser exportada diretamente para os mercados mundiais, o que aumentará ainda mais o desmatamento.

A dificuldade é que os ganhos privados dos pecuaristas não levam em consideração os custos do desmatamento. Enquanto o lucro desses produtores na região é, em média, de US$ 75 por hectare ao ano, o custo ambiental é estimado, sob uma ótica conservadora, em cerca de US$ 100, sendo que o valor real talvez seja muito maior. Esse dado sugere que existe um *trade-off* entre os benefícios privados e os custos sociais.

No entanto, as perdas ambientais ou sociais são difusas e seus efeitos tanto podem ser locais quanto globais, enquanto os lucros decorrentes do desmatamento são concentrados. A conseqüência disso é que a comunidade internacional se sente pouco estimulada a fazer pressão para reduzir as taxas de desmatamento, mas, por outro lado, há um grande incentivo individual à expansão da pecuária na Amazônia, sem que haja preocupação com a população como um todo.

Vislumbrar um mecanismo de transferência que compense os pecuaristas por não invadir as florestas implicaria um grande esforço. Medidas mais imediatas e plausíveis poderiam abranger incentivos a atividades alternativas à pecuária, que é o atual enfoque da política brasileira para a Amazônia. Alguns exemplos são: aperfeiçoar a provisão de serviços básicos nas cidades e vilarejos já estabelecidos ao longo da fronteira, expandir as oportunidades econômicas e elevar os custos de oportunidade de quem desejar sair dessas cidades para se estabelecer em região de floresta (Diewald, 2002).

A Zona Franca de Manaus, por exemplo, concentrou as atividades econômicas na cidade, em vez de dispersá-las em todo o estado. Essa iniciativa contribuiu tanto para o crescimento quanto para a qualidade de vida. O governador Carlos Eduardo Braga observa com freqüência que, apesar de ser o estado com maior extensão territorial do país, o Amazonas apresenta as menores taxas de desmatamento no processo de seu desenvolvimento, porque conseguiu, através de políticas federais e estaduais, criar formas de emprego como a Zona Franca que não implica a destruição da floresta (Figura 17). Naturalmente, a existência da Zona Franca de Manaus é somente um dos fatores, ao lado da baixa densidade rodoviária, entre outros, que têm contribuído para a diminuição do desmatamento no estado do Amazonas.

Outra medida crucial envolve melhores direitos de propriedade. Se os direitos de posse da terra não forem claros, o uso sustentável se tornará difícil.

Requisitos de licenciamento mais rigorosos também podem dificultar a expansão da pecuária para as áreas públicas. Embora essa atividade seja o principal motivador do desmatamento, a expansão do cultivo da soja para as pastagens do cerrado contribui tanto indiretamente — ao impelir a criação de gado para a Amazônia — quanto diretamente, em menor escala, para a devastação.

FIGURA 17
Desmatamento na Amazônia por estado

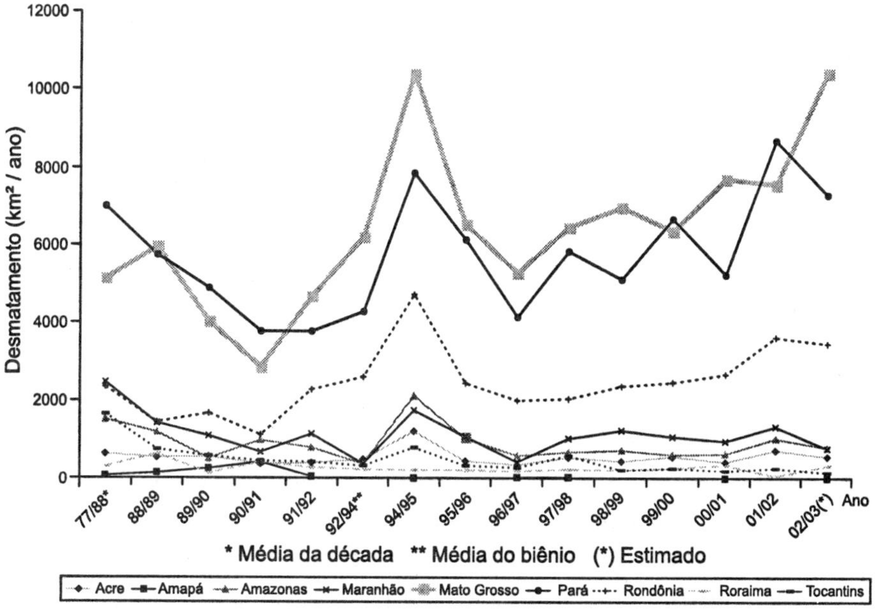

Fonte: Inpe.

Esse quadro também se torna mais complexo devido aos conflitos de terra, à extração ilegal de madeira e às invasões de terra. A corrupção também permanece uma questão séria nessa ilegalidade. O governo anunciou medidas para combater os conflitos de terras e proteger o meio ambiente, que incluem um decreto presidencial para a criação de cinco novas reservas extrativistas. No entanto, o sucesso dessas iniciativas depende de uma fiscalização eficiente.

O Mato Grosso, o maior estado produtor de soja, foi responsável por quase a metade do desmatamento em 2003/2004. Embora tenha havido um declínio nas taxas de desmatamento em todos os outros estados amazônicos, as de Mato Grosso e Rondônia aumentaram, apesar da atual legislação que permite um certo nível de desmatamento (20%), desde que a cobertura florestal restante (80%) seja preservada. Um melhor licenciamento ambiental e fiscalização poderiam ajudar a reduzir a devastação.

Uma fiscalização deficiente explica por que em Mato Grosso, o desmatamento aumentou nos quatro anos desde 2000, atingindo recordes em 2002/2003 e 2003/2004, apesar das leis ambientais que protegem as florestas e de um avançado sistema de licenciamento ambiental. Nesse período, uma área de floresta equivalente à da Bélgica foi perdida. A falta de fiscalização das licenças ambientais, a ilegalidade e a corrupção são as grandes razões. Na região, o preço da terra é comparativamente barato, o que oferece um maior incentivo à agricultura extensiva do que à intensiva. Uma eficiente fiscalização dessas licenças incentivaria tanto os agricultores quanto os pecuaristas a aumentar a produtividade.

A limitação do acesso às florestas também reduziria o desmatamento. Uma primeira etapa seria a imposição de uma moratória à pavimentação de estradas até que os mecanismos de fiscalização funcionem adequadamente. Quanto mais alto for o custo para penetrar na Amazônia, menor será o incentivo para ultrapassar a atual fronteira. A infeliz experiência do Banco Mundial de fornecer empréstimos para o asfaltamento da BR-364, na Amazônia, demonstrou que o desmatamento é rápido ao longo das estradas quando o custo do transporte de produtos da região é baixo.

A pavimentação da rodovia BR-163, que liga Cuiabá a Santarém, para facilitar o transporte de soja, poderá aumentar a devastação até atingir as taxas verificadas às margens de outras estradas asfaltadas na região. Isso significa que ao longo de 50 km a cada lado da rodovia, mais de 30% da floresta poderia ser devastada em menos de 30 anos — ou seja, 258.000 km², uma área aproximadamente do tamanho do Reino Unido (Figura 18).

FIGURA 18
Percentual de desmatamento (50 km em ambos os lados)

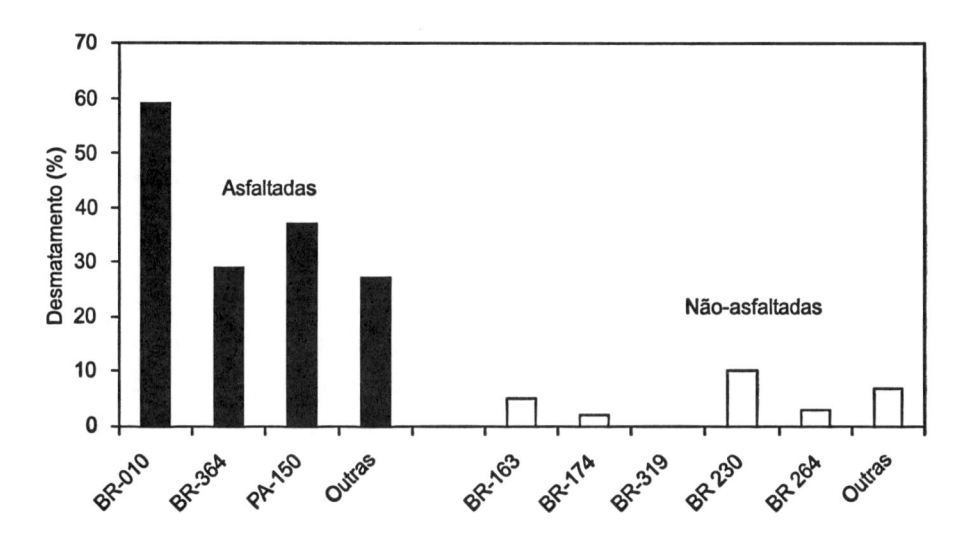

Fonte: Ferreira, 2003.

A Figura 19 mostra, baseada nos índices anteriores de desmatamento em torno da BR-364 e faz uma previsão do que poderá acontecer se essas tendências continuarem na ausência de ações adequadas (Ferreira, 2003; Nepstad et all, 2000).

FIGURA 19
Extrapolação do desmatamento ao longo da BR-364

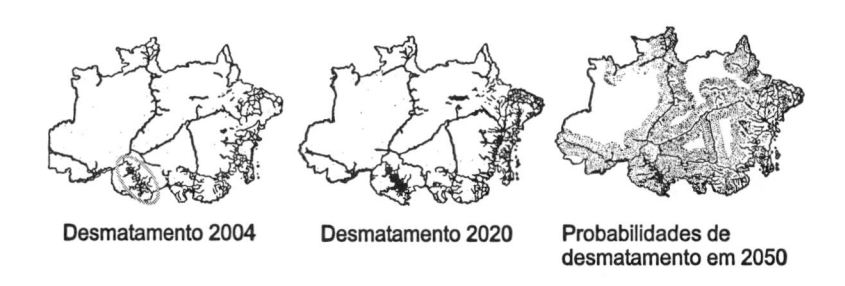

Desmatamento 2004   Desmatamento 2020   Probabilidades de desmatamento em 2050

Fonte: Ferreira, 2003.

O que aconteceria com a Amazônia se todas as estradas da região fossem asfaltadas? Supondo uma taxa de desmatamento semelhante à encontrada no entorno da BR-364, em Rondônia (uma suposição plausível, uma vez que a taxa tem estado próxima da média nas estradas pavimentadas na região amazônica; Figura 19), algumas projeções sugerem que em 2050 menos da metade da floresta amazônica original seria preservada.

O estabelecimento de áreas de conservação é de grande importância. Evidências mostram que durante os períodos de rápido desmatamento, as áreas protegidas são razoavelmente preservadas. Em 2002, o presidente Fernando Henrique Cardoso; o presidente do Banco Mundial, James D. Wolfensohn; Claude Martin, presidente do Fundo Mundial para a Natureza (WWF) e Mohamed El-Ashry, presidente do Global Environment Facility (GEF) assinaram um acordo para implementar o Programa Áreas Protegidas da Amazônia (Arpa), com o objetivo de transformar o panorama de conservação da Amazônia brasileira. O programa visa proteger 50.000 km² dos principais biomas, com riquezas naturais inigualáveis. Como parte das metas de longo prazo do Arpa, o governo estabeleceu 15.600 km² de novas áreas de proteção, que abrangem 23 novas unidades de conservação nos níveis federal e estadual, uma área equivalente à metade da Bélgica.

O interesse dos doadores nessas questões desempenha um papel determinante. O programa piloto para a Proteção das Florestas Tropicais do Brasil (PPG7), lançado em 1992, com financiamento dos países do G-7, da União Européia e dos Países Baixos, tem como objetivo deter o desmatamento e demonstrar a compatibilidade entre a conservação e o desenvolvimento sustentável. A situação em 2005, com o investimento de US$ 220 milhões e mais US$ 180 milhões comprometidos, 16 projetos estão em andamento e dois encontram-se prontos para serem iniciados. Os resultados incluem a demarcação de terras indígenas com mais de 460.000 km² (uma área maior do que a Alemanha, a Holanda e a Suíça juntas), o estabelecimento de reservas extrativistas comunitárias com mais de 20.000 km², uma maior adoção de gestão florestal certificada, além do treinamento em controle e prevenção de incêndio de milhares de líderes comunitários na Amazônia.

No entanto, o programa piloto por si só não será capaz de reduzir o desmatamento. As mais importantes forças responsáveis pelo desflorestamento — a pecuária e o altamente lucrativo cultivo de soja — são extremamente dinâmicas. A fiscalização e o controle da derrubada de árvores e da extração de madeira, bem como a demonstração de tecnologias e usos alternativos da terra devem caminhar em paralelo com a utilização de instrumentos capazes de mudar o comportamento dos agentes econômicos.

Os doadores parecem estar cada vez mais desinteressados em apoiar o desenvolvimento sustentável por meio de iniciativas como o programa piloto. Fiquei surpreso com o declínio no número de mensagens de outros países de apoio à proteção da floresta tropical brasileira. Essa reação decorreu em parte pela falta de melhores resultados na redução do desmatamento e devido a uma campanha inadequada do governo brasileiro que visava garantir financiamento para o programa. Mas isso também é resultado de outras prioridades, desvinculadas da Amazônia, que estão pressionando a agenda dos doadores. Seria de grande benefício para todos se a atenção e o apoio à floresta tropical brasileira fossem recolocados em pauta.

Biomas em perigo

Enquanto a Amazônia dominou a imaginação das pessoas em todos os lugares, o cerrado tem sido relativamente negligenciado. Esse bioma também merece uma estratégia brasileira de longo prazo para seu uso e conservação. Nas quatro últimas décadas, mais da metade dos 2.000.000 km² do cerrado foram transformados em pastagens, áreas para cultivo comercial e outros tipos de uso do solo. Hoje, o cerrado responde por um percentual acima de 50% da produção brasileira de soja e carne, sendo que a maior parte da soja é exportada.

O cerrado abriga a mais rica diversidade em flora de qualquer savana do mundo, mas sua degradação tem sido rápida. A área com vegetação nativa que está sendo derrubada e a taxa em que isso ocorre são maiores do que na floresta amazônica: 55% do cerrado foram desflorestados, uma área equivalente à metade do tamanho do México, e 63 espécies animais estão ameaçadas de extinção. O seu índice de desmatamento de 1,1% ao ano corresponde ao dobro da cifra na Amazônia.

Como na região Amazônica, poderiam ser empregados no cerrado o licenciamento, o monitoramento, a fiscalização e instrumentos econômicos de incentivo, para controlar o uso da terra. O estado do Pará colocou em prática um plano semelhante, que provavelmente receberá apoio internacional. Um projeto para proteger o bioma inteiro, semelhante ao Arpa para a Amazônia, seria de grande valor para o cerrado.

Sem dúvida, a região apresenta uma forte tendência para o agronegócio, que precisa ser aproveitada. O desafio para os líderes é ajudar a região a se transformar não somente na maior produtora, mas também na maior protetora de sua riqueza natural.

A caatinga do semi-árido nordestino também está seriamente ameaçada, o seu rico bioma, fragmentado por uma agricultura de baixa produtividade, sofre com as secas, a expansão inadequada das pastagens e a produção de carvão e extração de lenha. Essa área abriga um vasto ecossistema comum aos nove estados do Nordeste e parte de Minas Gerais. A região é uma das mais pobres do Brasil e continua a contribuir com milhares de migrantes para outras localidades, particularmente nos anos de estiagem.

A caatinga é o ecossistema brasileiro menos protegido. Em 2000, o ministro do Meio Ambiente reuniu em um seminário 140 participantes entre membros do governo, das universidades e da sociedade civil, para discutir os problemas da caatinga e identificar áreas a serem preservadas ou utilizadas de modo sustentável. Seria prioritário implementar essas recomendações e proteger pelo menos 10% desse ecossistema. São necessárias novas práticas para o uso sustentável do solo urbano e rural, com base no zoneamento ecológico e econômico da região. O governo federal preparou um Plano de Ação Nacional para Combater a Desertificação, que poderia se tornar um instrumento para impulsionar a sustentabilidade ambiental e a transferência de recursos e de tecnologia para o Nordeste.

A destruição da caatinga atingiu um ponto crítico em algumas áreas que estão ameaçadas de desertificação irreversível. É de grande importância a gestão dos recursos hídricos na região, para a sua sustentabilidade. Os governos federal e estaduais, em colaboração com o setor privado e a comunidade internacional, deveriam criar instrumentos de políticas para reverter a destruição dessa região e de seus recursos naturais.

Outro bioma em extremo perigo é a Mata Atlântica. Restam apenas cerca de 7% da cobertura de floresta original. A Mata Atlântica é importante não somente pela sua rica diversidade, mas também porque abriga as bacias hidrográficas que abastecem Belo Horizonte, Curitiba, Florianópolis, Recife, Rio de Janeiro, Salvador, São Paulo e Vitória. O desenvolvimento ao longo da costa, gerado pela indústria do turismo e por outras atividades é contínuo. Portanto, há uma prioridade urgente de buscar uma fórmula eficaz para proteger esse recurso em degeneração, o que requer esforços conjuntos dos governos federal e estaduais e do setor privado.

> Durante meus quase quatro anos no Brasil, conheci vários desses projetos bem-sucedidos. Um exemplo é o mico-leão dourado, uma iniciativa exitosa de conservação e desenvolvimento para preservar esses símios em extinção na reserva biológica de Poço das Antas, na Mata Atlântica do Rio de Janeiro. A reserva apóia práticas sustentáveis, inclusive a criação de corredores ecológicos para conectar florestas nativas. O projeto é patrocinado pelo Critical Ecosystems Partnership Fund e tem como financiadores a Conservation International, o Fundo para o Meio Ambiente Mundial, a Fundação McArthur, o governo do Japão e o Banco Mundial. Esse fundo fez doações no mundo inteiro para mais de 215 grupos da sociedade civil que implementam projetos em 13 dos ecossistemas mais ameaçados do mundo, inclusive a Mata Atlântica brasileira.

Há também iniciativas promissoras na Amazônia, mas o grande desafio agora é buscar a maneira de redimensionar esses projetos para um nível adequado. Instituições de pesquisa e formuladores de políticas, como o Museu Goeldi, estão trabalhando para impulsionar as atividades bem-sucedidas, e esses esforços precisam de apoio. Também é necessário se beneficiar das possibilidades de patrocínio internacional. Um exemplo disso é o Programa Pobreza e Meio Ambiente da Amazônia (Poema), em Ponta de Pedras, na ilha de Marajó, financiado pela Corporação Financeira Internacional (IFC) através de sua unidade de capacitação. Afiliado à Universidade

Federal do Pará, esse projeto oferece apoio à redução da pobreza e ao desenvolvimento sustentável, por meio do fortalecimento das agroindústrias comunitárias nessa região. Outro exemplo é a parceria do Poema com a Daimler-Chrysler que fabrica assentos de carro com fibra de coco para sua linha de montagem brasileira.

> É gratificante ver estes e outros exemplos de iniciativas bem-sucedidas, inclusive aquelas que fazem parte do programa PPG7, já mencionado. Embora estas sejam experiências estimulantes para todos nós e que trazem esperança para o futuro, também percebemos o quanto já se perdeu e como dispomos de pouco tempo para reverter essas situações.

Recursos hídricos

Apenas $1/5$ do solo cultivável do planeta é irrigado, mas essa parcela produz 40% de todos os alimentos do mundo. Em 2025, o solo agrícola irrigado deverá produzir 70% de todos os alimentos para nutrir dois bilhões de pessoas a mais, a demanda mundial de água deverá ser duplicada e quatro bilhões de pessoas — metade da população mundial — podem estar vivendo em uma situação de extrema escassez de água.

O Brasil possui abundantes fontes de água doce, com mais de 70% desses recursos concentrados na bacia amazônica, representando 12,7% do total mundial. Com 7,32 trilhões de metros cúbicos, o país dispõe dos maiores fluxos internos de água, seguido da Rússia (4,50 trilhões), da China (2,83 trilhões), do Canadá (2,79 trilhões) e dos Estados Unidos (2,48 trilhões). Se for administrado de maneira adequada, esse precioso recurso atenderá as necessidades agrícolas, industriais e domiciliares do Brasil, assim como ajudará a impulsionar o seu crescimento econômico e melhorar o bem-estar social.

Como reflexo da abundância de recursos hídricos e do potencial hidrelétrico do país, o acesso à eletricidade passou de uma cifra abaixo de 500 kWh *per capita*, em 1970, para 2.000 kWh hoje, com as usinas hidrelétricas responsáveis por cerca de 90% da capacidade instalada — o que representa apenas 42%

do potencial hidrelétrico brasileiro. Apesar dessas constatações, persiste a preocupação com o abastecimento confiável de energia a longo prazo.

Embora a água seja abundante em algumas áreas, em outras há escassez. A região semi-árida do Nordeste, com 28% da população, dispõe de apenas 5% dos recursos hídricos do país. A água potável também é escassa nas áreas industrializadas do Sul e Sudeste, onde reside cerca de 60% da população (Mejia et all, 2002). Existe água disponível, mas normalmente ela está altamente poluída. A seca também é um problema recorrente. Durante o período de 1998-99, o governo gastou US$ 3,3 bilhões para aliviar a estiagem que atingia dez milhões de pessoas no Nordeste. Um sistema mais desenvolvido de reservatórios e distribuição de água teria evitado essa crise. Todos esses fatores tornam a gestão dos recursos hídricos um desafio especial para o Brasil.

Uma importante prioridade é o andamento e conclusão dos projetos novos e antigos de infra-estrutura, o que rapidamente promoveria um abastecimento de água estável a um preço razoável. Os projetos públicos, cuja infra-estrutura já foi concluída ou está quase pronta, têm potencial para irrigar mais 100 mil hectares no semi-árido do Nordeste. Nos estados do Ceará, Piauí, Paraíba, Pernambuco e Rio Grande do Norte, a finalização dos projetos, novos e antigos, de infra-estrutura hídrica para uso doméstico ou industrial custaria cerca de R$ 606 milhões e favoreceria aproximadamente 4,3 milhões de pessoas com abastecimento de água estável, ao custo de R$ 140 por beneficiário. Com base em análises econômicas e sociais, este esforço representaria a primeira fase de um programa direcionado a resolver as necessidades de água da região.

Estimativas dos custos de iniciar um grande projeto de transferência de água do rio São Francisco seriam muito mais altas, aproximadamente de R$ 4,5 bilhões, mesmo atendendo potencialmente a cerca de 12 milhões de pessoas no Nordeste. O resultado seria um custo estimado em R$ 375 por beneficiário.

O número exato pode ser sensível às premissas feitas. Mas a vantagem econômica e os benefícios relativos para a nação de buscar antes a conclusão dos trabalhos já iniciados estão claros. Uma comparação direta indica:

	Conclusão das obras	Transposição
Investimento (R$ milhões)	606	4.500
Número de beneficiários (milhões)	4,3	12,0
Custo por beneficiário (R$)	140	375

Por outro lado, em um programa abrangendo duas décadas, a conclusão das obras em andamento seguida pelo início de novas obras de transposição, após análise e preparação adequadas, poderiam ser vistas como complementares, e como parte de uma estratégia hídrica de longo prazo.

As enchentes, com seu alto custo humano, são outro fenômeno recorrente, agravado pelo persistente desmatamento e erosão do solo. Na China, uma forte enchente no rio Yang-tse, em 1998, levou o governo a banir o desmatamento. As altas taxas de devastação deixaram a camada superficial do solo exposta e o assoreamento, durante as fortes chuvas, reduziu a capacidade deste rio, resultando nas enchentes que deixaram 75 milhões de chineses desabrigados. Embora barragens tenham reduzido o problema, o uso mais sustentável das florestas teria evitado essa catástrofe. Esta experiência fornece uma importante lição sobre a necessidade de proteger o meio ambiente.

O uso de água inadequada para irrigação durante os períodos de seca também causa danos à produção agrícola e à qualidade de vida daqueles que dependem de emprego no setor. O Brasil utiliza apenas 15% de seu potencial de irrigação (Costa, 2003). A expansão desse consumo, especialmente nas áreas onde a produção agrícola é altamente instável, devido às estações de seca e de chuva, diminuiria a variação de renda das famílias de agricultores.

Práticas agrícolas

O Brasil é um importante exportador de café, soja, milho, açúcar, banana, mandioca, suco de laranja e carne. A agricultura e as agroindústrias representam 27% do PIB. Historicamente, o setor é responsável por mais de um terço das exportações e essa parcela subiu para quase a metade nos últimos anos. A agricultura emprega 23% da mão-de-obra e outros 10% a 15% trabalham nas áreas de exploração e produção agroindustriais (Azevedo *et all*, 2002).

Estima-se que a área total cultivada seja de 47 milhões de hectares (6% do território nacional), as pastagens cobrem outros 220 milhões de hectares (26%) e as terras desmatadas e ociosas correspondem a outros 20 milhões de hectares (2%) (Edward, 2004). O uso sustentável da terra e dos recursos naturais é essencial para se manter a competitividade agrícola brasileira e garantir que o setor contribua para o crescimento econômico.

A expansão e modernização da agricultura brasileira provocou impactos socioeconômicos positivos. Esses fatores elevaram a oferta de produtos agrícolas para uso doméstico e para exportação, além de terem gerado um aumento de renda. No cerrado, na região central do Brasil, por exemplo, as atividades econômicas associadas à expansão da agricultura, ao uso de tecnologias avançadas e aos resultantes ganhos de produtividade contribuíram para a diversificação das economias locais, para o aumento da renda agrícola e não-agrícola e das receitas municipais, assim como para a melhoria da qualidade de vida. A questão que a sociedade brasileira precisa resolver é como desenvolver a agricultura e o agronegócio de modo cada vez mais eficiente e sustentável, com o objetivo de contribuir para um crescimento econômico mais rápido, mantendo ao mesmo tempo o potencial de alto valor da biodiversidade e dos serviços do ecossistema.

A cada ano, a erosão causa a perda da camada superficial do solo em mais de um milhão de hectares de terras cultiváveis, a um custo de R$ 3,2 bilhões, principalmente pelo impacto sobre a produtividade agrícola. A maior parte do solo utilizado atualmente na produção foi desmatado nos últimos 30 anos. Áreas significativas foram devastadas para o cultivo e depois se mostraram impróprias para a agricultura. Uma grande parte dessa terra foi posteriormente abandonada. Expostas às intempéries, essas áreas vulneráveis continuam no processo de degradação, afetando adversamente as terras e rios à jusante.

As intervenções públicas e a conscientização ambiental reduziram o volume de terras inadequadas sob cultivo, enquanto a pesquisa agrícola contribuiu para a integração da gestão dos recursos e do aumento da produção, o que reduziu a necessidade de expandir as áreas agrícolas. Os agricultores mais progressistas adotaram práticas de gestão sustentável do uso da terra, o que diminuiu os impactos prejudiciais ao meio ambiente. Contudo, a maioria das áreas de colheita e de pastagens continua a utilizar tecnologias convencionais, que causam a erosão do solo e a degradação dos recursos naturais. Os danos são mais acentuados nas áreas pobres onde se pratica a agricultura de subsistência.

Em um círculo vicioso, a degradação do solo é, ao mesmo tempo, a causa e a conseqüência do empobrecimento rural, o que leva ao declínio da produção e da renda, promove o desmatamento, causa dano ao ciclo das águas e reduz a biodiversidade. Esse ciclo destrutivo é perpetuado pelas práticas do mercado e pelas políticas do governo que reforçam a tendência de apoio aos produtores tecnologicamente avançados e negligenciam os agricultores de pequeno porte e de semi-subsistência, que dispõem de menos tecnologia e acham difícil buscar e adotar práticas de gestão sustentável dos recursos que possam romper esse ciclo.

O vínculo entre a gestão dos recursos naturais e os pobres apresenta duas vertentes. Em primeiro lugar, muitos desses recursos são ativos comumente compartilhados e, como os pobres dispõem de poucos bens próprios, os recursos naturais representam uma parcela muito maior de sua riqueza total do que das pessoas mais abastadas. Em segundo lugar, a capacidade financeira limitada significa que os pobres terão acesso principalmente a bens naturais frágeis e de menor valor, cuja produtividade intrínseca é mais baixa e estão mais propensos à degradação, devido à gestão inadequada.

Esses fatores resultam em um paradoxo: ao lado de um Brasil rural que exporta níveis recordes de produtos agrícolas para o mundo, existe outro Brasil rural, com uma pobreza muito espalhada e privações que afetam milhões de pessoas em domicílios agrícolas de pequena escala e de subsistência. Esses domicílios estão concentrados no Nordeste, em áreas distantes e esparsamente habitadas com infra-estrutura deficiente, baixa produtividade e terras degradadas.

A região semi-árida cobre cerca de 50% do Nordeste e abriga 20 milhões de pessoas, cerca de 40% da população nordestina, e apresenta a maior concentração de pobres rurais da América Latina. Nas últimas décadas, o crescimento dos setores pecuário e algodoeiro serviu de base para uma significativa expansão e diversificação agrícola, mas esse avanço desapareceu gradualmente, em grande parte devido à vulnerabilidade ambiental da região e de sua população.

Os obstáculos a uma vida melhor no Nordeste rural são imensos. Milhões de pessoas estão presas à pobreza devido a uma base de recursos naturais inadequada e degradada, à seca, à baixa produtividade do trabalho, aos modelos altamente distorcidos de posse da terra, ao aumento da população e às graves deficiências na infra-estrutura e nos serviços básicos. A alta taxa de analfabetismo e a má qualidade do ensino impedem o sucesso das migrações ou a melhoria no padrão de vida rural. A provisão inadequada de água, de serviços de saneamento e de gestão dos recursos hídricos, inclusive os esforços para reduzir a seca e controlar a poluição, afetam adversamente a saúde e a produtividade dos pobres rurais.

Modelos de desenvolvimento rural

O rápido desenvolvimento econômico, similar ao do Brasil em 2004, com acelerada criação de empregos urbanos e aumento da demanda doméstica por produtos agrícolas, foi determinante para a redução da pobreza rural. No entanto, o tipo e a estrutura do crescimento são tão importantes quanto o crescimento em si. O que acelera a redução da pobreza rural é o crescimento no setor agrícola — especialmente o avanço da agricultura que utiliza mão-de-obra intensiva e das empresas de pequena escala ligadas à economia rural — e não o desvio do trabalho e do capital da agricultura para a indústria de larga escala.

É essencial ampliar a produção agrícola: um aumento de 33% poderá reduzir a pobreza em cerca de 25%. O Brasil precisa implementar uma estratégia em favor dos pobres, que inclua a agricultura e a gestão ambiental, para tornar mais duradouro o crescimento da agricultura.

> O desenvolvimento sustentável da agricultura e da economia rural é tão importante para o estado de São Paulo quanto a expansão da indústria e da economia urbana. O estado teve problemas para elevar a produtivi-

dade rural e garantir a sua sustentabilidade. Esta é a razão pela qual minha colega brasileira Isabel Braga, especialista em meio ambiente, e eu achamos muito instrutiva a nossa visita a um projeto de gestão da terra, acompanhados pelo governador Geraldo Alckmin, em meados de 2004. O projeto tem como objetivo promover a conservação dos recursos naturais e a sustentabilidade das pequenas propriedades agrícolas, fornecendo aos produtores rurais, em microbacias selecionadas, as ferramentas e a capacitação técnica, inclusive a organização comunitária, para utilizar a água de modo mais eficiente.

Vimos campos de plantio direto, pequenas propriedades agrícolas com pastagens rotativas, áreas com distribuição comunitária de água e um local onde havia um tanque de refrigeração de leite para uso da comunidade. Soubemos também de aulas de educação ambiental para alunos da quarta série do Ensino Fundamental nas escolas que atendem crianças da área rural. No município de Lourdes, o governador observou que "o projeto ajuda os pequenos agricultores a produzir mais e melhor, preservando, ao mesmo tempo, preciosos recursos naturais como a água". A experiência de São Paulo e de outros estados no Sul mostra que existem muitas oportunidades para aprendizagem no Brasil.

As experiências na China e na Índia com desenvolvimento rural e gestão ambiental são importantes. O rápido crescimento industrial da China nas três últimas décadas tem sua origem no setor rural. A liberalização dos preços agrícolas e dos arrendamentos privados de terras que pertenciam anteriormente ao Estado permitiram que o setor rural chinês acumulasse poupança e fornecesse incentivos para investimentos em modernização e na produção. Por sua vez, essa iniciativa liberou uma parcela substancial de mão-de-obra rural para atividades não-agrícolas.

O resultado dessa iniciativa foi um setor rural mais produtivo, capaz de alimentar a população e de provocar um êxodo de mão-de-obra excedente para a indústria que, aliada a outros fatores, impulsionou três décadas de rápido crescimento na China, desde meados dos anos 70. Os elementos essenciais das melhorias no setor rural foram o bem-definido direito à terra, que incentivou os agricultores a investir em suas terras, e a disponibilidade de oportunidades de emprego não-agrícola, que proporcionaram um escoamento do excedente da força de trabalho rural.

A Índia é especialmente vulnerável às estações de chuva e de seca, com 70% de sua população vivendo em áreas rurais e dependendo da agricultura não-irrigada. A partir da década de 1950 até os anos 80, a taxa de pobreza rural no país se manteve acima de 45%, alcançando pouco mais de 65% nas épocas de estiagem. Os subsídios de preços e os incentivos do governo para a agricultura tiveram pouco efeito sobre o desenvolvimento rural. O mesmo ocorreu com os programas dirigidos à geração de emprego agrícola.

A pobreza rural começou a diminuir apenas em meados dos anos 80, quando o crescimento da economia em todo o país incitou a migração rural-urbana e a Índia implementou programas cujo enfoque era criar infra-estrutura de irrigação e viária, em vez de gerar empregos. Esse foco nas necessidades de infra-estrutura das comunidades rurais produziu resultados visíveis, ao passo que o enfoque limitado de geração de emprego dos programas anteriores teve pouco impacto a longo prazo.

Na China e na Índia, o aumento de oportunidades nas áreas rurais e a migração a partir das áreas vulneráveis foram vitais para a redução da pobreza e uma melhor gestão ambiental. Após milhares de anos de cultivo em ambos os países, a degradação do solo se espalhou e a produção em muitas áreas é tão baixa que não sustenta a população. De acordo com estimativas, 70% na China e 25% na Índia da terra arável está exaurida ou salinizada em nível alto a moderado. No Nordeste do Brasil, 80% do solo cultivável está degradado em grau moderado a alto.

Os problemas ambientais nas áreas vulneráveis são intensificados em um círculo vicioso: a baixa produção leva os produtores a adotar métodos agrícolas expansivos e a cultivar as áreas exauridas, o que causa mais erosão e mais degradação das terras limítrofes. Uma solução óbvia para essa situação seria fornecer incentivos para que as populações se mudassem dessas áreas vulneráveis. Na China, os incentivos compreenderam investimentos do governo em educação rural e saúde, para estimular a migração das novas gerações e reduzir o número de agricultores por hectare. Na Índia, o microcrédito nas áreas rurais tentou criar mais oportunidades de emprego não-agrícola.

A inclusão dos pobres rurais do Nordeste do Brasil, dependentes da agricultura, na estratégia de desenvolvimento do país é essencial para o crescimento econômico, a redução da pobreza e a proteção ambiental. Os investimentos sociais nessas áreas rurais, especialmente na educação e saúde, habilitam a população local a buscar outras oportunidades de emprego. Com um número menor de trabalhadores agrícolas por hectare e o uso mais sustentável dos recursos naturais, especialmente água e combustível, a agricultura se torna mais produtiva. O Brasil deve aproveitar esse potencial agrícola, no Nordeste e em outros locais, para gerar ganhos de produtividade e maiores retornos. Esta foi a experiência da China e da Finlândia.

Na Finlândia e em outros países escandinavos, a poupança resultante da produção baseada nos recursos naturais, combinada aos altos níveis de capital humano, estimulou os investimentos em tecnologia avançada e nos setores geradores de alto crescimento (De Ferranti, Perry *et all*, 2001). Nokia e Saab, por exemplo, começaram a atuar nas áreas de silvicultura e de celulose, antes de se dedicarem à indústria automobilística e de telefonia. Ao aproveitar de modo sustentável os recursos naturais, os países escandinavos puderam desenvolver outros setores de suas economias. Essa experiência é promissora para as perspectivas de crescimento, desenvolvimento e bem-estar. O Brasil deveria utilizar sua abundância em recursos naturais de modo mais sustentável, investindo, ao mesmo tempo, em capital humano.

Por fim, a gestão sustentável das florestas no Brasil ajuda a alcançar objetivos globais positivos. Muitos dos benefícios da conservação dessas matas são globais — por exemplo, a utilização das florestas pela sua biodiversidade, para o turismo e como um reservatório de carbono. Ainda assim, os setores público e privado de outros países não demonstraram o desejo de contribuir para os custos incrementais específicos da preservação, nem foi desenvolvido um mecanismo que garantisse maiores transferências internacionais para o Brasil em reconhecimento do valor global de suas florestas.

O mercado emergente de créditos de carbono poderia fornecer algum dia esse mecanismo. Esse mercado está crescendo rapidamente e o Brasil pode desempenhar um papel importante em seu desenvolvimento, bem como obter uma grande parcela de seus benefícios. Eventualmente, se o reflorestamento e as florestas em pé puderem participar desse comércio, aumentariam os incentivos para essas iniciativas. Sem prejuízo de sua soberania, o Brasil tem interesse no diálogo internacional sobre os serviços ambientais globais provenientes da floresta e nos mecanismos de compensação.

* * *

De todos os tópicos sobre o desenvolvimento, as questões relacionadas à sustentabilidade apresentam os maiores conflitos sobre o que beneficia a sociedade e o que é percebido como positivo para o setor privado, o que é bom no curto prazo e o que é desejável a longo prazo, e o que é adequado para uma localidade ou país e para o mundo. Pesquisas recentes, realizadas pelo IBGE nos municípios, fornecem o que talvez seja a evidência mais importante de que tanto a população quanto suas lideranças acreditam ser do seu maior interesse solucionar o problema da degradação ambiental antes que este se agrave.

Este capítulo apresentou o inigualável tesouro natural do Brasil e documentou os riscos sem precedentes para o seu uso sustentável. Foi argumentado que a grande vantagem comparativa do Brasil não está nessa destruição — mesmo que seja vantajosa para alguns no curto prazo —, mas em cultivar e investir nessas riquezas naturais. O desenvolvimento agrícola é mais consistente com um meio ambiente sustentável, em que a liderança precisa vir dos ministérios e governo federal e especialmente dos governos estaduais e de seus governadores.

A resolução dessas questões não é simples, mas temas como incentivos, mercados, governos e reformas institucionais são essenciais para solucioná-las. Certamente, a importância das instituições extrapola as questões associadas à sustentabilidade e afeta tudo o que foi discutido até aqui. São esses aspectos institucionais que passaremos a examinar no próximo capítulo.

5
INSTITUIÇÕES

Somos muito criativos... e quando nos unimos, o Brasil pode se sair bem de qualquer situação... não só no futebol.

Luiz Felipe Scolari, treinador da seleção brasileira campeã do mundo em 2002

Em fevereiro de 2005, o primeiro-ministro do Egito e seu ministério se reuniram com Patrus Ananias, ministro do Desenvolvimento Social do Brasil; Santiago Levy, diretor-geral do Instituto Mexicano de Seguro Social; e com uma equipe do Banco Mundial chefiada por seu então presidente, James Wolfensohn, para uma troca de experiências sobre programas sociais e reformas institucionais e de políticas. Todos estavam muito interessados nas experiências recíprocas, mas também acreditavam que nem todas as lições são transferíveis e precisam ser ajustadas às diferenças institucionais e culturais.

O Egito tem uma estrutura mais centralizada, que se assemelha antes à do México do que ao governo altamente descentralizado do Brasil. Isso significa que a implementação das transferências de renda condicionais para famílias pobres egípcias, por exemplo, implicariam provavelmente alguns procedimentos institucionais mais próximos aos do México do que aos do Brasil. Houve também consenso na reunião sobre a visão de que alguns princípios das reformas e das mudanças institucionais deveriam ter aplicação universal.

No encerramento do encontro, o ministro Ananias afirmou que "talvez, em todos os lugares, três princípios da reforma institucional sejam válidos.

Primeiro, as reformas nunca devem atentar contra o bem-estar das camadas mais pobres da sociedade. Segundo, vale a pena consultar a população com antecedência e chegar a algum tipo de consenso. Terceiro, diga sempre a verdade às pessoas".

Embora existam poucas áreas onde as generalizações são tão difíceis quanto a das reformas institucionais, o seu progresso normalmente requer transformações que resultam em um custo político no curto prazo e, por isso, dependem de uma liderança corajosa para serem implementadas.

Agentes para mudanças

Qualquer agenda de mudanças será influenciada pelas condições do país e também por considerações gerais com relação à eficiência. Quando se busca melhorar o bem-estar social, a produtividade e a sustentabilidade, a questão principal é saber se as instituições promovem ou impedem as mudanças e se elas apóiam os esforços de todos em prol do objetivo comum de ampliar o impacto sobre o desenvolvimento.

Por exemplo, se uma ampla vinculação das receitas do governo tiver um alto custo em termos de flexibilidade e impacto, as instituições apoiariam, com as normas e os interesses já estabelecidos, a adoção de uma maior flexibilidade? Se a qualidade da educação se tornou agora uma questão urgente, as instituições educacionais fariam pressão para que sejam implementadas as mudanças necessárias? Se é muito importante proteger os recursos naturais para o futuro, quais instituições se posicionariam a favor dos pobres e das futuras gerações?

Este capítulo trata das questões que emergem durante quase todas as discussões sérias sobre políticas de desenvolvimento no Brasil. Há uma crescente e rica literatura sobre a participação determinante das instituições no alcance das metas socioeconômicas. O objetivo desse capítulo não é fazer um resumo das fontes de informação, mas apresentar exemplos tanto da capacidade institucional quanto de seus hiatos no Brasil, em um contexto comum descrito no Quadro 5.

Quadro 5
O ciclo de desenvolvimento

O processo de desenvolvimento pode ser representado por um ciclo interativo, que é determinado pela visão que o orienta, expressa em vários níveis, desde o plano plurianual de um país às opiniões emitidas pelas pessoas. Em uma segunda etapa, são estabelecidas metas e prioridades, novamente em diversos níveis de agregação. O tempo que se leva para passar da visão às metas pode ser rápido ou prolongado.

As metas são, em seguida, vinculadas a ações por vários agentes. Nesse ponto, a burocracia tem um peso, às vezes seguindo regras estabelecidas e em outras ocasiões atuando de modo arbitrário.

A passagem das ações aos resultados requer interações entre os diversos agentes, que podem ser horizontais e sinérgicas, ou verticais e isoladas. Os comentários e avaliações dos efeitos produzidos informam sobre os resultados. Nessa etapa, a participação popular está envolvida de diversas formas, tanto genuína quanto manipulada, de modo a proteger interesses pessoais.

As várias facetas do processo institucional — o período de execução, a burocracia, as interações e a participação — podem atuar em quaisquer das quatro etapas do ciclo de desenvolvimento. A natureza desses atributos contribui para a eficácia do processo.

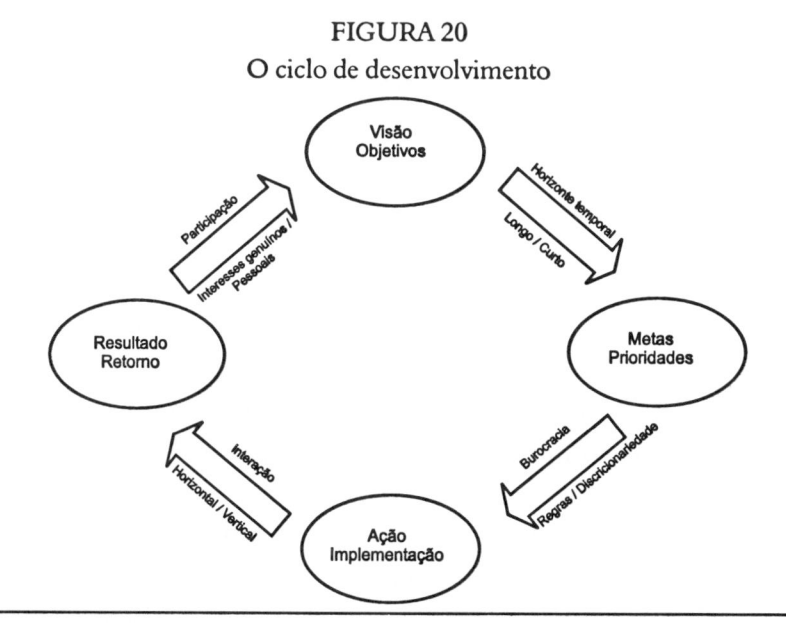

FIGURA 20
O ciclo de desenvolvimento

Este capítulo mostra três exemplos de áreas nas quais os fatores institucionais têm influência sobre a eficiência. Eles vão da macroeconomia às questões setoriais, por um lado, e à microeconomia, por outro lado. No nível macroeconômico, existem compensações entre a previsibilidade dos gastos públicos e sua flexibilidade. No nível setorial, as compensações são estabelecidas entre o rigor do licenciamento e a rapidez dos investimentos. No nível microeconômico são necessários marcos regulatórios mais claros e específicos para melhorar a qualidade da oferta de serviços.

Todos os países são heterogêneos, no entanto, os maiores são especialmente complexos. Os quatro anos que passei no Brasil não foram suficientes para entender totalmente a complexidade de suas instituições. Contudo, foi tempo suficiente para que eu pudesse absorver muitas opiniões diferentes sobre esses órgãos. Tive a sorte de encontrar autoridades estaduais e municipais que me explicaram pacientemente a estrutura dessas instituições.

Também foi auspiciosa a orientação que tive do ex-diretor do Banco Mundial no Brasil, Gobind Nankani, atualmente vice-presidente do Banco Mundial na África. Nos meus primeiros dias no Brasil, as pessoas me confundiam com o ganense Gobind que, como eu, é de origem indiana. Como a sua reputação no país era muito boa, nunca me importei com essa confusão. Ao longo dos anos, tive igualmente o prazer de contar com a colaboração de Antonio Rocha Magalhães, como conselheiro sênior para o programa do Banco Mundial no Brasil, aprendendo algo novo a cada dia.

Flexibilidade fiscal

O desenvolvimento é um processo dinâmico e a flexibilidade fiscal facilita o ajuste das políticas de acordo com as mudanças de contexto. Essa flexibilidade é especialmente importante quando as restrições fiscais são, de modo geral, tão rígidas quanto no Brasil. Entretanto, quando isso ocorre, a gestão fiscal é extremamente inflexível por uma série de razões históricas e políticas.

A rigidez fiscal decorre da vinculação de receitas para objetivos específicos e da obrigatoriedade de determinados gastos. Em 2003, por exemplo, 80% das receitas federais eram designadas e as despesas obrigatórias representavam 89% do total de gastos não-financeiros. Há uma certa sobreposição quando algumas despesas obrigatórias são financiadas pelas receitas vinculadas. Mas, na verdade, a parcela do orçamento totalmente livre é muito pequena.

É importante considerar o que aconteceria com os gastos — e quem se beneficiaria com isso — se as receitas não fossem vinculadas. O governo teria mais flexibilidade para destinar recursos para as áreas realmente prioritárias. Isso melhoraria a qualidade do ajuste fiscal e das despesas — o que é determinante, porque não há possibilidade de aumentar o volume de gastos — para oferecer mais apoio às populações excluídas ou mais vulneráveis.

Contudo, levando-se em conta os interesses políticos, será que a liberação de receitas resultaria em menos gastos para com as pessoas mais necessitadas? Considerando que no Brasil os pobres têm pouca participação no governo, se a destinação de verbas para saúde, educação e outras causas sociais não for mais obrigatória e se esses setores perderem suas receitas garantidas, será que os serviços para os pobres seriam cortados? A hipótese — de a desvinculação de receitas resultar em menos gastos para com os pobres e em um nível de qualidade de despesas ainda mais baixo — precisa ser examinada com cuidado, quando forem adotadas medidas ousadas para tornar o orçamento mais flexível.

Um segundo aspecto da rigidez está relacionado à urgência das mudanças, sendo que a mais difícil é a reforma previdenciária. O regime de previdência social, especialmente o dos servidores públicos, com suas taxas de reposição integral e opções de aposentadoria precoce, tem sido mais generoso do que os sistemas nos países da OECD. O déficit anual do regime previdenciário público por si só corresponde a 4,5% do PIB, podendo ser comparado à meta de superávit primário do setor público. As reformas, aprovadas pelo congresso em dezembro de 2003 e confirmadas pelo Supremo Tribunal Federal em agosto de 2004, estão sendo agora implementadas na União, nos estados e municípios.

Essas reformas, apesar de atrasadas, reduzem significativamente o déficit atuarial do sistema público — simulações indicam que o valor presente líquido do déficit projetado das pensões do setor público nos próximos 50 anos será reduzido em um terço. Mas ainda haverá grandes déficits inicialmente (mesmo que menores em relação aos anteriores à reforma) antes que os ganhos se realizem. Isso mostra a necessidade de se fazer reformas mais profundas — ações que poderiam, entre outras coisas, aumentar o período médio de serviço e a idade média dos novos aposentados, retardar o crescimento dos pensionistas, reduzir a média das novas aposentadorias e melhorar os aspectos fiscais e de eqüidade.

Os gastos com a previdência social atingem cerca de 10% do PIB e são responsáveis pela metade das despesas sociais. Por sua natureza, essas despesas são regressivas quanto ao seu impacto sobre a distribuição de renda (ver a Figura 21, que mostra uma comparação com outros países). Os gastos com assistência social correspondem a cerca de 1% do PIB e são muito mais progressivos. A reforma da previdência social não é apenas necessária sob o aspecto fiscal, mas também para alcançar uma maior eqüidade.

No Brasil, a agenda de reformas precisa tratar simultaneamente do crescimento e da distribuição de renda. Isso significa deixar de lado os programas regressivos e se concentrar naqueles que são mais progressivos (e eficazes). A questão é como as instituições apoiarão essa mudança de perspectiva.

Uma ampla reforma da previdência social certamente será conseqüência de um processo lento de criação de consenso, mas é importante sinalizar para reforçar a credibilidade macroeconômica, uma verdadeira intenção de resolver os desequilíbrios do sistema. Os ganhos resultantes do avanço desse processo são nítidos para as finanças públicas e a eqüidade. Os benefícios seriam percebidos também no nível externo, pelo aumento da poupança nacional com a redução do passivo previdenciário.

No Chile, a reforma da previdência social nos anos 80 reduziu a dívida implícita do setor público e ajudou a manter as taxas de juros baixas. A dívida previdenciária correspondia a cerca de 80% a 100% do PIB na época da reforma. O novo regime foi inteiramente financiado. Os empregados que haviam contribuído para o antigo sistema receberam títulos de reconhecimento que não podiam ser negociados no mercado até 1995. O valor dos títulos compreendia uma taxa de retorno de 1% a 2% sobre as contribuições passadas e isso resultou em uma diminuição de 15% a 20% na dívida previdenciária. A taxa real de retorno desses títulos foi fixada em 4%, o que levou a uma redução ainda maior.

FIGURA 21
Gastos públicos com proteção social
em países e regiões selecionadas (% do PIB)

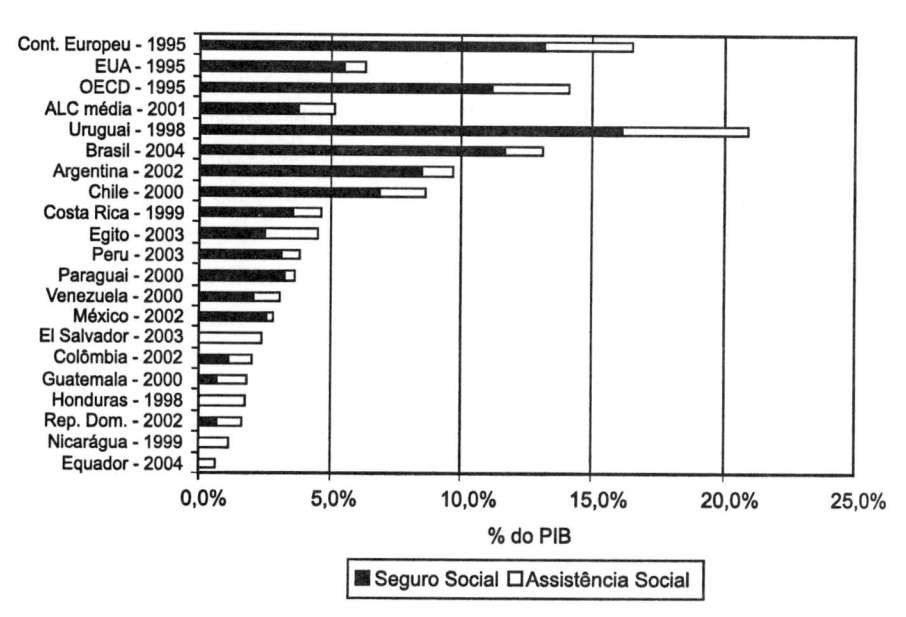

[Gráfico de barras mostrando os seguintes países/regiões com Seguro Social e Assistência Social:
- Cont. Europeu - 1995
- EUA - 1995
- OECD - 1995
- ALC média - 2001
- Uruguai - 1998
- Brasil - 2004
- Argentina - 2002
- Chile - 2000
- Costa Rica - 1999
- Egito - 2003
- Peru - 2003
- Paraguai - 2000
- Venezuela - 2000
- México - 2002
- El Salvador - 2003
- Colômbia - 2002
- Guatemala - 2000
- Honduras - 1998
- Rep. Dom. - 2002
- Nicarágua - 1999
- Equador - 2004

Eixo: 0,0% a 25,0% do PIB
Legenda: ■ Seguro Social □ Assistência Social]

Fonte: Lindert, Skoufias e Shapiro, 2005; Lindert, 2004.

A dívida previdenciária do Chile declinou em pelo menos 25%, mas os chilenos haviam trocado obrigações incertas e de alto valor por outras com cotação mais baixa, porém com maior probabilidade de ser pagas. Em 1991, com o forte crescimento econômico, o valor das aposentadorias por idade no novo sistema aumentou em torno de 40% e os benefícios por invalidez cerca de 90%. No entanto, avaliações mais recentes forneceram lições importantes e cautelosas como, por exemplo, a falta de competitividade e os altos custos de gestão para as empresas que administram os fundos de pensão.

A previdência social não é a única categoria de gasto público que é definida com rigidez e tem garantia constitucional. No contexto atual, há pouco espaço para o corte de gastos do governo brasileiro — se isso for necessário do ponto de vista macroeconômico — sem alterar a Constituição ou eliminar serviços públicos básicos. A resposta lógica a essa situação seria adotar uma maior flexibilidade orçamentária nas áreas onde as despesas são menos essenciais e preservar ao mesmo tempo os gastos imprescindíveis, elevando assim a qualidade das despesas públicas.

Para que reformas tão difíceis avancem em qualquer país são necessários ajustes institucionais e políticos. As transformações deveriam ser orientadas pelos benefícios a longo prazo e não pelos custos no curto prazo. Essa mudança de perspectiva ajudaria a identificar as reformas fundamentais nos dispêndios que melhorariam a qualidade do ajuste macroeconômico, abrindo espaço para as despesas públicas essenciais. A garantia do ajuste fiscal, por meio do corte de gastos nas áreas que aprofundam a desigualdade, evita a necessidade de um aumento de impostos ou uma redução nas despesas com infra-estrutura, que desaceleram o crescimento econômico.

Marco regulatório: licenciamento

O Brasil é líder internacional em legislação ambiental. Desde os anos 70, o país utilizou esse instrumento para garantir que os investimentos fossem compatíveis com as metas ambientais, sobretudo a preservação dos recursos naturais.

Ao mesmo tempo, os empresários mencionam a rigidez do processo de licenciamento como um custo significativo para se fazer negócios. Eles indicam que uma redução nos limites à entrada e saída de firmas do mercado estimularia o investimento, a competitividade e a produtividade. Seria de grande ajuda a simplificação dos procedimentos administrativos para o registro de empresas, a aquisição de terras, o desenvolvimento do local e as aprovações ambientais. O Brasil também conta com o Ministério Público, uma instituição notável cuja função é proteger o direito que os cidadãos têm de viver em um meio ambiente de qualidade.

A segunda questão está relacionada à implementação do licenciamento ambiental em níveis locais. Os estados e municípios são responsáveis pela implantação desse licenciamento na administração descentralizada do Brasil. Apesar de sua transparência e natureza participativa, o processo não é considerado suficientemente flexível para lidar com as pressões econômicas ou com novos desafios em níveis locais.

Ao buscar uma solução é importante manter e fortalecer as normas de proteção ambiental, tornando o processo ao mesmo tempo mais dinâmico e racional, para que seja mais eficaz e tenha um maior impacto.

Consideremos o licenciamento ambiental necessário para implementar um novo sistema de abastecimento de água e esgoto. A obrigação do licenciamento ambiental atribui à empresa e não aos consumidores, de modo adequado, a responsabilidade de qualquer impacto sobre a saúde pública proveniente dos investimentos propostos. A questão é saber se o processo de licenciamento é bastante dinâmico para tornar o investimento vantajoso. Os pobres sofrem mais com os atrasos nesses investimentos. É preciso encontrar o equilíbrio certo dos procedimentos institucionais, para que eles valorizem tanto as salvaguardas ambientais quanto a necessidade de investimentos. Essa compensação entre prioridades não é exclusiva do Brasil. Os países da OECD também tiveram que se defrontar com essa questão e alguns levaram décadas para encontrar o ponto de equilíbrio.

Um tema específico ao Brasil — dado o seu tamanho e descentralização — é a maneira de disseminar os parâmetros técnicos, compreender suas interações e coordenar a implementação nos três níveis de governo. Uma clareza maior dos papéis e das regras de cada um dos níveis representaria um avanço no tratamento da pressão entre a necessidade de se estabelecer salvaguardas eficazes e o apoio aos investimentos e ao crescimento.

Oferta de serviços

A oferta de serviços públicos está essencialmente ligada à qualidade de vida da população, e nesse aspecto o abastecimento de água é um exemplo. O modo como a água é utilizada, cobrada e distribuída da mesma forma que os resíduos são coletados e tratados afetam o uso sustentável da água ao longo do tempo. Nesse contexto, o funcionamento das instituições que servem de apoio à provisão de serviços determina a maneira como as normas são cumpridas, como os vários grupos envolvidos interagem, como os beneficiários participam do processo e quais resultados são obtidos.

A maioria dos investimentos em abastecimento de água e saneamento é financiada com recursos do governo ou viabilizados pela administração pública. As autoridades estaduais e municipais tendem a politizar as decisões nas empresas encarregadas desses serviços, interferindo assim em sua gestão cotidiana. Mesmo as empresas privadas às vezes estão sujeitas a condições e prazos motivados por questões políticas. Por conseguinte, os gestores dessas empresas ficam sem autonomia para operar com eficiência e não podem ou não querem se responsabilizar pelos resultados e pelos custos.

Embora as tarifas dos serviços públicos geralmente sejam altas para cobrir os custos de operação e manutenção e para fazer de 10% a 20% dos investimentos, a metade dessas empresas no Brasil ainda apresenta déficits operacionais que necessitam de apoio fiscal. As tarifas e a produtividade são baixas em muitos provedores de serviços quando comparados ao melhor provedor regional e a perda de água é alta na maioria dessas companhias.

Os administradores dessas empresas de serviços públicos precisam de autonomia, recursos e incentivos adequados para aumentar a eficiência dos investimentos, da gestão e das operações. Os ganhos de produtividade poderiam ser alocados para ampliar a cobertura e a qualidade dos serviços, bem como para manter tarifas módicas. Se os provedores de serviços públicos forem mais eficientes e autônomos, eles mobilizarão recursos internos e externos para os investimentos necessários, com o objetivo de atingir níveis mais elevados de abrangência e qualidade dos serviços de água e esgoto para os pobres e também para expandir a coleta e o tratamento de esgoto.

Várias estratégias são empregadas para melhorar a produtividade. Algumas são relativamente simples e outras particularmente mais difíceis. Como as interferências políticas e a pressão exercida por interesses especiais constituem a base de um excesso de pessoal, a liderança política precisa se comprometer com a racionalização desse grande contingente. Para garantir o sucesso de qualquer plano que vise aumentar a produtividade, os representantes da força de trabalho devem participar do planejamento das estratégias e apresentá-las aos empregados. É importante também incluir questões previdenciárias em várias empresas para que elas sejam solucionadas.

Um indicador de ineficiência é o alto grau de perdas de água, medido como a razão entre o volume de água faturado e o volume colocado no sistema de distribuição. Embora diversos provedores de serviços públicos no Brasil tenham obtido grandes avanços, a média de perdas ainda é alta. Em 2000, os desperdícios de três das 26 companhias estaduais estavam abaixo de 30% e sete tiveram índices acima de 50%, sendo que a média foi de 39%. Nas empresas de utilidade pública municipais, as perdas variaram de menos de 20% a mais de 70%, com média geral de 40% (nos setores público e privado) e de 30% somente nos serviços privados.

O percentual de perda de arrecadação de receitas das companhias estaduais e regionais é de cerca de 12%, mas há grandes variações. Das sete empresas de serviços púbicos que tiveram prejuízos acima de 25%, cinco estão no Norte, uma no Nordeste e uma no Sudeste. As taxas de arrecadação das empresas estaduais e regionais no Centro-Oeste e Sul têm sido boas. Embora os dados sobre as empresas de serviços públicos municipais apresentem algumas imprecisões analíticas, diversos provedores parecem ter graves problemas de arrecadação. O aumento da coleta de tarifas é difícil onde o serviço não é confiável, porém a maioria das pesquisas indica que onde a oferta é de boa qualidade, as pessoas estão dispostas a pagar pelo serviço.

É difícil aperfeiçoar substancialmente a provisão de serviços públicos sem dispor de recursos adequados. O aumento da oferta pelas companhias privadas é um modo de elevar o montante de recursos. A experiência mostra que a participação do setor privado implica um melhor desempenho quando os contratos forem estabelecidos com base em critérios transparentes, obrigando as autoridades públicas a definir tarifas razoáveis e a incorporar incentivos para que as operadoras privadas atinjam metas claramente especificadas e sejam fiscalizadas de modo justo e eficaz. Esses critérios não são fáceis de ser atendidos e um setor privado que participe de modo ineficaz é mais nocivo do que positivo. Ao desenvolver uma abordagem para a participação da iniciativa privada, as agências de financiamento e os formuladores de políticas precisam se concentrar no aumento da eficiência e na geração de recursos para financiar os projetos prioritários.

Integração multissetorial

Independentemente do nível de governo, federal, estadual ou municipal, uma questão importante é como promover a integração de todos os setores para atingir um maior impacto. Por exemplo, o efeito das intervenções públicas na saúde depende não somente do trabalho das pessoas nessa área, mas também da infra-estrutura, como os serviços de água, saneamento e educação. Estudos mostram como a educação de meninas tem grande influência sobre a saúde. Os resultados do ensino dependem não somente das atividades nesse setor, mas também das iniciativas para melhorar a saúde e a nutrição das crianças, entre muitos outros fatores.

> Após observar como os governos da Bahia, Minas Gerais, Pernambuco, Maranhão, São Paulo e outros se apóiam no trabalho de equipe dos setores de planejamento, finanças, educação, infra-estrutura e meio ambiente, a nossa equipe no Brasil pôde mudar a abordagem do Banco Mundial nos estados. Deu-se nova ênfase a esses métodos integrados, em vez da implementação de projetos independentes em setores isolados.

No Brasil há um crescente número de exemplos de estratégias de desenvolvimento sendo implementadas em vários setores no nível estadual. A Bahia fez um grande progresso nos programas sociais e econômicos, em parte devido à integração das áreas prioritárias alcançada pelo estado. A administração estadual adotou um método bem articulado para melhorar a qualidade de vida nas áreas urbanas e rurais, e acredita que existe uma forte ligação entre o progresso atingido em ambas as áreas. As secretarias dos setores sociais, de infra-estrutura, água, negócios urbanos e planejamento trabalham em conjunto e suas metas são bem definidas, como explicou o governador Paulo Souto na conferência internacional *Scaling Up Poverty Reduction*, em Xangai, em 2004.

Para Minas Gerais, a principal prioridade foi reverter a situação fiscal. O estado obteve êxito ao chegar a um consenso sobre a importância fundamental de equilibrar as finanças públicas. A administração ocupou-se desse objetivo e, ao mesmo tempo, promoveu o trabalho intersetorial para identificar as medidas necessárias ao desenvolvimento integrado e dar um novo impulso ao crescimento. A atenção se concentrou nos impactos multissetoriais sobre os tributos, os gastos e as parcerias com o setor privado. O objetivo desse trabalho conjunto, como gosta de dizer o governador Aécio Neves, "é fazer de Minas o melhor lugar para se viver no Brasil". No final de 2004, o orçamento estadual estava equilibrado, um feito notável em um tempo relativamente curto.

A abordagem adotada em Pernambuco foi estimular o trabalho conjunto das secretarias de planejamento e finanças na reforma da qualidade da educação, da tecnologia da informação, da infra-estrutura, do turismo, da cultura e do setor público. A melhoria do desempenho do estado — 3% de crescimento anual nos últimos cinco anos, após uma década de estagnação — parece ser o resultado do trabalho em equipe no estabelecimento de estratégias e na implementação. A matrícula escolar e os indicadores de saúde continuam a melhorar. Nos últimos cinco anos, Pernambuco subiu do 24º para o 19º lugar no Sistema Nacional de Avaliação da Educação Básica (Saeb). Há uma grande ênfase na promoção da tecnologia e da inovação, sendo que o sinal mais visível dessa estratégia é o pólo de tecnologia da informação e atividades relacionadas no centro de Recife, que faz parte da iniciativa Porto Digital. O governador Jarbas Vasconcelos credita essas realizações à população do estado.

Para melhorar a qualidade e a responsabilidade das instituições em todos os estados, o governo federal poderia estimular a competitividade, por meio de *benchmarking* e do monitoramento com base em pesquisas e indicadores da qualidade institucional. O México, por exemplo, publica os índices de governança e corrupção de cada estado. Em Bangalore, na Índia, uma ficha com a opinião dos cidadãos sobre a oferta de serviços públicos estimula os provedores a melhorar o seu desempenho. A Indonésia se beneficiou com a divulgação da compatibilidade dos padrões ambientais.

Os estados e municípios brasileiros já acompanham, monitoram e publicam a evolução do índice de desenvolvimento humano (IDH) e esses resultados tiveram influência nas decisões sobre investimentos públicos. Também é promissora a utilização dos contratos de desempenho da gestão ambiental nos níveis estadual e municipal, com o objetivo de estimular uma maior compatibilidade e melhores resultados.

Descentralização do governo

As vantagens da descentralização são evidenciadas pelos relatórios sobre programas que obtêm melhores resultados, por estabelecerem um contato mais próximo a seus clientes. Diversos projetos rurais bem-sucedidos no

Nordeste se beneficiaram diretamente da descentralização e da participação comunitária. A eficácia de várias iniciativas federais também se apóia na oferta não-concentrada de serviços e nos vínculos com outros programas municipais.

Ao mesmo tempo, o sistema altamente descentralizado do Brasil também cria desafios à implementação. Em particular, existem problemas de coordenação em todos os níveis de governo e, às vezes, a prestação de contas é um tanto obscura. A falta de continuidade entre administrações, mesmo na equipe técnica, é responsável por esses entraves.

Houve pressões para a adoção de um controle mais centralizado. Nos setores sociais, essa reivindicação desestabilizou de alguma forma a estrutura federal de prestação de contas estabelecida nos anos 90. Essa iniciativa em prol da centralização também criou polêmica ao tornar indistintas as responsabilidades e funções nos níveis federal, estadual e municipal, em relação ao desenvolvimento da infra-estrutura dos setores sociais (hospitais, escolas), entre outras áreas.

A estrutura federal brasileira projeta sua visão de longo prazo para 2020. A capacitação institucional visando o futuro do Brasil representa um desafio importante, especialmente para os estados e municípios que têm a responsabilidade de prover os principais serviços (sociais e outros).

> Há um grande interesse nos níveis estadual e municipal na troca de experiências sobre capacitação e fortalecimento institucional. Sempre que há reuniões de prefeitos, as discussões se tornam mais acaloradas. No final de 2004, um grupo de administradores municipais se reuniu para assinar um acordo de empréstimo do Banco Mundial destinado a Betim, em Minas Gerais, o primeiro para um município brasileiro. Após a assinatura com Pamela Cox, o prefeito de Betim, Carlaile de Jesus Pedrosa, proferiu um discurso sobre o valor de tais parcerias para os municípios, não apenas pelo financiamento que elas proporcionam, mas também pelo estímulo ao intercâmbio de conhecimento. O pronunciamento obteve a aquiescência dos prefeitos de Belo Horizonte, Cubatão, Teresina e outras cidades. Do Rio Grande do Sul, os prefeitos de Bagé, Pelotas, Rio Grande, Santa Maria e Uruguaiana apresentaram seus programas integrados, com proposta de financiamento do Banco Mundial para projetos em desenvolvimento nas áreas de educação, empreendimentos, habitação urbana, planejamento participativo, proteção ambiental, desenvolvimento rural e turismo.

Relacionada a esse contexto está a questão da modernização do Estado. O progresso tem sido lento nessa área. Hoje, o custo de fazer negócios e acessar serviços é muito alto, em grande parte devido ao complexo marco regulatório e à burocracia em todos os níveis de governo.

A modernização do Estado implica a criação de um marco regulatório ágil e confiável que estimule a formação de novas empresas e a criação de empregos. Significa também reduzir a burocracia exigida pelos três níveis de governo, com o objetivo de diminuir os custos dos provedores de serviços e dos usuários, permitindo a melhoria da qualidade dos serviços públicos.

Participação popular

A oferta de serviços melhora quando os usuários participam das decisões e da implementação dos programas. As iniciativas para a redução da pobreza rural no Nordeste do Brasil representam um forte testemunho do valor da participação dos beneficiários. Os programas atendem 1,7 milhão de famílias em 1.500 municípios, com investimentos em infra-estrutura socioeconômica e serviços básicos. Representantes de governo e técnicos de desenvolvimento do mundo inteiro fizeram diversas visitas ao Nordeste para conhecer esses mecanismos e saber por que eles obtêm resultados tão expressivos. Na conferência de Xangai anteriormente mencionada, esses programas foram citados como exemplo.

Os dois principais instrumentos desses programas são a transferência direta de recursos para os beneficiários e os conselhos municipais representativos, que servem de fórum para que as comunidades possam revelar suas preferências em relação às prioridades, aprovar propostas de investimento, monitorar e supervisionar os subprojetos comunitários. Os conselhos são compostos por beneficiários e membros da sociedade civil (80% dos participantes) e autoridades municipais (20%). Observadores notaram o avanço progressivo desses projetos — melhor evolução e integração com outros programas, seleção mais precisa e menos perdas quando os recursos são transferidos diretamente para os beneficiados.

Alguns dos locais que visitamos ao longo dos anos são testemunhos dessas iniciativas. Em Garanhuns, Pernambuco, encontramos beneficiários das atividades ligadas à redução da pobreza e à reforma agrária, que explicaram a importância da participação comunitária. Em Conceição do Coité e Euclides da Cunha, na Bahia, vimos o mesmo entusiasmo e apreço dos membros da comunidade envolvidos nas decisões e na implementação dos programas que afetaram diretamente o seu bem-estar.

Os estados do Nordeste estão ampliando esses projetos e estendendo as abordagens participativas a outros programas. O Ceará vem integrando os seus programas rurais com outros programas do estado e do governo federal, especialmente no setor de recursos hídricos. Os projetos de conselhos municipais na Bahia, no Maranhão, em Pernambuco, no Piauí, no Rio Grande de Norte e em Sergipe estão sendo utilizados como fóruns e câmaras de compensação para melhorar a integração com os programas federais e garantir a participação dos pobres, como no caso da iniciativa de acesso universal à eletricidade.

A Paraíba busca fortalecer a participação das mulheres nos conselhos e em outros projetos, visando organizar campanhas de redução do analfabetismo e promover a participação da comunidade em outros programas. No Maranhão, uma nova iniciativa utiliza planos de desenvolvimento municipal integrados para dar informações sobre as decisões de investimentos comunitários, com o objetivo de aumentar o IDH em todo o estado.

> Lembro-me dos encontros preliminares que o governador José Reinaldo Tavares promoveu para discutir o projeto. Ele reuniu todos os seus secretários com o intuito de revelar sinergias entre suas áreas de responsabilidade.

Existem vários exemplos no mundo inteiro que mostram o impacto provocado pela participação comunitária. No Brasil, os processos de orçamento participativo do Rio Grande do Sul são amplamente mencionados e estudados. Assembléias em todas as cidades discutem as prioridades de gastos em educação, saúde, transporte, tributação, organização comunitária e desenvolvimento urbano. As assembléias elegem membros para um conselho orçamentário que toma decisões sobre o plano de investimento. Na Argentina, os cidadãos participaram do estabelecimento de normas transparentes para os processos de aquisições públicas. No Chile e no México, as iniciativas de governo eletrônico, como a arrecadação de impostos via internet, alcançam cada vez mais pessoas. Em El Salvador, o programa Educo estimula as associações de pais a exercer um maior papel nas políticas e nos programas educacionais, o que reduz a ausência de professores e melhora o rendimento dos alunos.

A sociedade civil brasileira apoiou formas participativas e inovadoras para converter idéias em melhorias na qualidade de vida. O projeto Cabocla, nos municípios de Santarém e Belterra, no Pará, utiliza o conhecimento tradicional e as contribuições das mulheres nas áreas de saúde e desenvolvimento social. O programa de educação para os ianomâmi, em Roraima, adapta a educação básica à cultura e às necessidades da população indígena. A cidade de Petrolina, em Pernambuco, desenvolveu um sistema integrado de dessalinização por osmose inversa para purificação da água. Em Minas Gerais, pequenas barragens são utilizadas na coleta de água da chuva para mais de 250 municípios. Na região semi-árida do Nordeste, um projeto na comunidade de Macambira promove mutirões de famílias pobres para construir habitações básicas para as camadas de baixa renda.

> Durante uma visita a Salvador no final de 2003, reuni-me com as crianças beneficiadas pelo projeto Empregar. Este projeto de dois anos de existência surgiu como expansão das experiências anteriores do Instituto Beneficente Conceição Macedo e do Centro Social Semente do Amanhã. Os programas acreditavam que os jovens desfavorecidos readquiriam sua auto-estima e estariam prontos para reintegrar-se à sociedade quando seus talentos eram utilizados e sua criatividade estimulada. Empregar foi construído sob essa experiência e foca sua atenção nos adolescentes órfãos pobres que tiveram seus pais vítimas de HIV/Aids e se encontram excluídos da sociedade. O projeto trabalha com 100 a 200 jovens e facilita o aprendizado e a participação deles em pequenas e médias empresas.
>
> Com alguns resultados já alcançados, o projeto ganhou um prêmio no Annual Development Marketplace 2003 do Banco Mundial, concorrendo com três mil projetos de 133 países. O Development Marketplace, com sua edição anual em Washington e eventos especiais em vários países todos os anos, tem encorajado idéias promissoras em desenvolvimento pelo mundo afora. Quando

me encontrei com a gestora do Empregar, Maria de Fátima Cardoso, e com os jovens participantes, ficou claro o grande papel que o projeto tem no reconhecimento das habilidades dos jovens — e como o seu reconhecimento foi importante para o projeto.

As dificuldades dos processos que não envolvem a participação da comunidade também são evidentes no mundo inteiro, mesmo quando coexistem com exemplos bem-sucedidos. A China é um caso ilustrativo. Durante a conferência de Xangai, diversos convidados observaram com admiração como a China consegue mobilizar e contar com seus cidadãos para a implementação de programas. Após a escolha de uma nova iniciativa, a população se reúne para garantir que sejam obtidos os melhores resultados. No entanto, o país também enfrenta o desafio de criar programas para aumentar a participação popular nas decisões e na distribuição de bens públicos. Por exemplo, as províncias mais ricas recebem mais recursos para a saúde e serviços de melhor qualidade. Os indicadores de saúde chineses são bons e a qualidade da renda é razoavelmente adequada, mas a sua classificação global na cobertura da assistência de saúde é surpreendentemente baixa.

A eqüidade na provisão de serviços em todas as regiões é um desafio para a maioria dos grandes países. O Fundo de Manutenção e Desenvolvimento do Ensino Fundamental e de Valorização do Magistério (Fundef), criado em 1988, simplifica, e torna mais transparente e eqüitativa, a transferência de recursos federais para financiar a educação básica. Juntamente com o Fundo de Participação dos Estados, o Fundef contribuiu para a redução da desigualdade inter-regional e interestadual no ensino fundamental. Essa experiência mostra a importância do atendimento às principais necessidades das regiões e áreas mais pobres.

Um exemplo descreve como os hiatos sociais foram largamente reduzidos em meu estado natal de Kerala, na Índia. Em termos de crescimento econômico, Kerala situa-se somente em nível médio entre os 29 estados indianos. No entanto, seus indicadores sociais, tais como conclusão do ensino escolar ou expectativa de vida, são comparáveis favoravelmente aos dos países industrializados. Uma menina nascida em Kerala pode ter uma vida mais longa do que outra na cidade de Nova York. A participação popular, os processos democráticos e a liberdade de imprensa são muito superiores ao padrão nos países em desenvolvimento — e alguns até comentam que essa participação é tão elevada a ponto de promover o crescimento econômico.

Por que Kerala é uma exceção positiva entre os países e áreas em desenvolvimento quanto ao progresso e à participação social, embora tenha muito a aprender sobre modernização de seu ambiente de negócios? A história tem sua participação nesse contexto. Em 1817, a Maharani (rainha) de Travancore, hoje uma das províncias de Kerala, proclamou que "o Estado deve abarcar todo o custo da educação de seu povo, para que não exista nenhum retrocesso na expansão do conhecimento e que, pela difusão do ensino, todos se tornem melhores súditos e servidores públicos". Ela queria que todas as meninas fossem à escola e, como isso ocorreu, houve uma elevação no *status* e na contribuição das mulheres para essa sociedade matriarcal.

Governança e corrupção

A natureza da governança e o papel da corrupção são os primeiros assuntos comentados em alguns debates sobre o Brasil, mas os últimos em outros. É freqüente nas avaliações dos processos de desenvolvimento brasileiro deixar esses aspectos a cargo da imaginação. Ambos os conceitos são difíceis de definir e seu peso empírico não é fácil de avaliar. Por outro lado, existe uma percepção difusa, muitas vezes não-declarada, de que esses aspectos são determinantes essenciais para a eficácia do processo de desenvolvimento.

Governança é um termo amplo e abrange todos os modos de exercício da autoridade visando o bem comum. A governança é composta por diversos elementos — participação, responsabilidade, oferta de serviços, marco regulatório, estado de direito e controle da corrupção.

Kaufmann, Kraay e Mastruzzi (2005) compilaram respostas de empresas, cidadãos e especialistas a pesquisas sobre a qualidade da governança nos países industrializados e em desenvolvimento, conduzidas por institutos de pesquisa, organizações não-governamentais e internacionais. Embora os resultados mostrem as posições relativas dos países quanto a esses indicadores, eles estão sujeitos a margens de erro, e as classificações precisas dos países não devem ser inferidas a partir desses dados.

Além disso, as posições relativas atualizadas mostram que, na América Latina e freqüentemente nas comparações dos países de renda média no mundo inteiro, o Brasil aparece situado no meio ou na metade superior dos índices de desempenho relacionados à governança e à corrupção (Figura 22). Mas a posição comparativa global da América Latina não é particularmente favorável. De qualquer forma, para um país com potencial para ser líder mundial como o Brasil, em uma economia global altamente competitiva, um *status* de governança apenas médio não é favorável para o progresso.

Quais são as restrições específicas à governança no Brasil? No topo da lista estariam provavelmente o Judiciário, o Estado de direito e o marco regulatório. Algumas pesquisas sugerem que os problemas de governança e corrupção são maiores no Poder Judiciário, nos partidos políticos e na polícia, em áreas tais como administração alfandegária, arrecadação de impostos, construção, empresas privadas e serviços públicos. Analisar essas questões é uma prioridade.

A corrupção nos processos políticos tem surgido como um grave e amplo entrave ao desenvolvimento do Brasil, mesmo que o foco imediato dos escândalos políticos que dominaram o noticiário em 2005 tenha sido sobre pessoas e partidos. O escândalo parece ter emergido quase acidentalmente, mas suas características intrínsecas e dimensões têm raízes mais fundas. Analistas defenderam punições e ações decisivas contra as irregularidades por um lado, e o início de reformas políticas pelo outro, para pôr o país no caminho do desenvolvimento duradouro. Em alguns países, a incidência de tais fenômenos e as conseguintes crises políticas tornaram-se oportunidades para implementar reformas necessárias. Da mesma forma, o Brasil poderia implementar ações pertinentes e amplas para combater a corrupção nos processos políticos, transformando a crise em uma oportunidade para melhorar a governança.

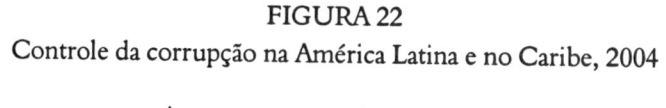

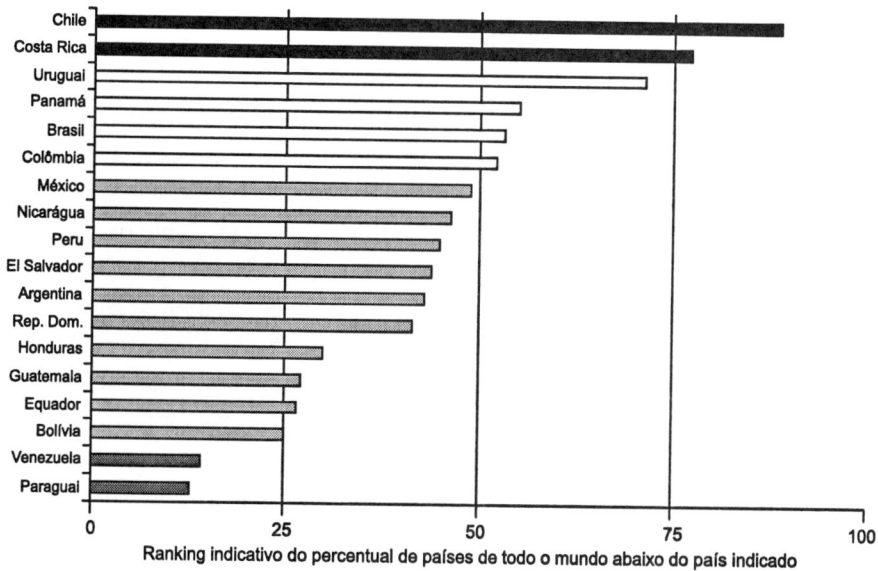

FIGURA 22
Controle da corrupção na América Latina e no Caribe, 2004

Ranking indicativo do percentual de países de todo o mundo abaixo do país indicado

Fonte: Kaufmann, Kraay e Mastruzzi, 2005.

Como as instituições ajudam ou impedem o crescimento

Com uma economia diversificada e um povo empreendedor é possível que não faltem investimentos com alto potencial de retorno nem pessoas para obtê-los. Os principais entraves à realização desses projetos já foram mencionados: altas taxas de juros, baixo investimento em capital e pouca poupança. Como a administração federal pode influenciar a poupança privada, mas controla apenas a poupança *do governo*, a ênfase recai sobre a disciplina fiscal. Nesse contexto, menciona-se cada vez mais a necessidade de reformar a previdência social, uma das maiores cargas sobre as finanças públicas brasileiras.

Além de tentar elevar a taxa de poupança interna, seria útil para o Brasil alavancar sua poupança não-financeira. Poderia a força do setor privado ser mobilizada para participar de programas sociais juntamente com os jovens, as organizações internacionais e a sociedade civil? É possível direcionar o foco para o triplo balanço patrimonial constituído pelos retornos financeiros, sociais e ambientais? Este é um desafio que os líderes do setor privado e da sociedade civil acreditam ser crucial.

David De Ferranti, ex-vice-presidente do Banco Mundial para a América Latina e o Caribe, e eu participamos de conversas estimulantes com proeminentes representantes do setor privado e da sociedade civil sobre novos rumos a serem tomados. Roberto Irineu Marinho, presidente das Organizações Globo, ressaltou o papel crucial do debate e da disseminação dos tópicos-chave da agenda de desenvolvimento. Israel Klabin, presidente da Fundação Brasileira para o Desenvolvimento Sustentável, e Roberto Young, diretor-presidente da Uniethos, falaram sobre o crescente interesse do setor privado em promover não apenas lucros financeiros, mas também dividendos sociais e ambientais. No entanto, há um longo caminho a ser trilhado até conseguir que esse interesse se transforme mais em regra do que em exceção.

Outro entrave é a dificuldade de implementar reformas específicas. Analisemos alguns exemplos das duas áreas mais difíceis de reformar, a macroeconômica e o meio ambiente.

Quanto à macroeconomia, quase todos concordam com a necessidade da reforma previdenciária no Brasil, mas no momento de aprovar tal reforma, mesmo um governo popular em seu primeiro ano de mandato teve dificuldades para fechar o acordo. O país tem feito progressos, mas precisa avançar muito mais. O sistema fiscal brasileiro é outro entrave para o crescimento identificado por muitos analistas. No entanto, a tributação parece ainda mais difícil de ser modificada do que os gastos. A experiência internacional sugere que uma reforma tributária bem-sucedida talvez envolva o aumento do poder de taxação dos estados e a redução das transferências de recursos do governo federal, que poderiam ser limitadas às finalidades redistributivas.

Quanto ao meio ambiente, existe um componente internacional na estratégia da reforma. O Brasil já demonstrou sua margem de superioridade científica, com uma comprovada liderança em diversas áreas de pesquisa primária e aplicada. O país ocupa posição de destaque na pesquisa agrícola, é altamente proeminente no setor de agronegócios é um grande exportador de produtos agrícolas, como soja e carne. A biodiversidade proporciona ao país mais uma oportunidade de crescimento. O Mecanismo de Desenvolvimento Limpo do Protocolo de Kyoto propõe a troca de créditos de carbono por reflorestamento. O Brasil poderia continuar a estabelecer alianças internacionais em busca de mecanismos semelhantes para recompensar a proteção e o uso sustentável de sua riqueza ecológica. O progresso no desenvolvimento desses esquemas tem sido lento, mas pode ser acelerado.

A singularidade dos recursos naturais brasileiros sugere que o debate sobre a proteção ambiental não deve considerar o desenvolvimento e a conservação como forças antagônicas. A longo prazo, se o Brasil continuar a devastar o seu patrimônio amazônico no ritmo atual, o país estará destruindo as suas próprias perspectivas de crescimento econômico.

A resposta não está simplesmente na criação de maiores unidades de conservação, mas no investimento em pesquisa e desenvolvimento cuja finalidade seja a maximização do uso sustentável dos recursos brasileiros para a formação de riqueza a longo prazo, inclusive lançando mão de transferências internacionais que reflitam o caráter global desses bens públicos.

> O meu colega Kenneth Chomitz, economista sênior do Banco Mundial, fez uma comparação impressionante no Fórum Nacional de 2005. A conversão da floresta amazônica em pastagens cria um patrimônio com valor aproximado de R$ 500 por hectare. Contudo, os prejuízos causados pela resultante liberação de dióxido de carbono são avaliados no mercado em cerca de R$ 17.000 por hectare. Este cálculo tem por base o conteúdo de carbono da Amazônia desmatada estimado em 536 toneladas de dióxido de carbono por hectare, avaliado em 10 euros por tonelada com taxa de câmbio de R$ 3,25 por 1 euro. Este valor teórico está baseado no valor corrente do carbono disponível no sistema europeu que é usado como medida do benefício social a ser pago para se reduzir a emissão de dióxido de carbono.

As possibilidades de arbitragem internacional parecem ser imensas. Entretanto, nem o mercado europeu nem o mercado de Kyoto de carbono admitem atualmente o serviço de carbono proveniente da prevenção do desmatamento de floresta tropical.

Como essa arbitragem poderia ser realizada? Uma alternativa seria a mudança das regras para se admitir carbono das florestas no segundo período do Protocolo de Kyoto. Uma possibilidade é o Brasil aceitar um limite plausível de desmatamento relativo à emissão de dióxido de carbono, um nível permitido abaixo dos níveis correntes. Reduções agregadas abaixo deste limite poderiam ser vendidas no mercado internacional. Para o Brasil, Chomitz sugeriu que essas reduções poderiam ser realizadas por meio da prevenção do desmatamento ilegal e pela imposição de uma taxa sob o desmatamento legal. A receita das taxas seria usada para apoiar a intensificação da agricultura nas áreas já desmatadas.

A oferta de serviços relacionados ao ecossistema pode constituir uma área promissora para o Brasil, tanto no âmbito nacional quanto internacional. Alguns países empregaram esforços para melhorar a conservação nas áreas agrícolas por meio de incentivos aos produtores como, por exemplo, nos sistemas pastoris da Colômbia, Costa Rica e Nicarágua. Utilizando esquemas integrados de gestão nas pastagens, esses países estão fazendo pagamentos diretos aos agricultores em troca da oferta de serviços relacionados ao ecossistema, como a conservação da biodiversidade ou o seqüestro de carbono. A escala desses projetos ainda é pequena, porém os resultados são auspiciosos.

> Existe um crescente reconhecimento da verdadeira riqueza do Nordeste e da caatinga. Em uma discussão sobre o programa de desenvolvimento de florestas na bacia do rio Parnaíba, o governador Wellington Dias, do Piauí, um dos estados mais pobres do Nordeste, com apenas três milhões de habitantes, iniciou o debate afirmando que "o Piauí é um estado rico devido aos seus recursos naturais". A plantação de florestas, para complementar as nativas, poderia vir a ser um grande recurso para o futuro. Mais uma vez, coloca-se a questão sobre a forma de intermediação do mercado para converter possíveis ganhos futuros em investimentos presentes.

O Brasil herdou uma forte capacidade institucional em áreas como planejamento. Qualquer estratégia de desenvolvimento deveria utilizar esse atributo, complementando-o com equipes de funcionários eficientes e reformas no funcionalismo público. Outras vantagens que podem ser aproveitadas são o alto grau de decisão descentralizada e participativa, e a capacidade de organização da sociedade civil, bem como sua contribuição aos debates e programas.

Uma discussão em nível nacional sobre as principais questões poderia mencionar muitas dessas vantagens. Consideremos o setor financeiro público, composto por um emaranhado de impostos especiais (alguns deles muito ineficientes), vinculação de recursos, crédito direcionado (para habitação e agricultura, por exemplo) e preços regulados fora do mercado, que emergiram gradualmente por uma série de razões. Uma moderna estratégia de crescimento poderia rever o objetivo das grandes instituições financeiras do setor público, os princípios e o funcionamento desses vários esquemas.

Existem ainda outras questões relevantes, como o emprego, especialmente para os jovens; a criminalidade e a violência, em particular nas áreas urbanas; a inclusão social e de raça; a governança e a corrupção; o transporte intermodal, incluindo as ferrovias; e o marco regulatório para o setor energético. Muitos tópicos serão considerados controversos e poderão suscitar um amplo debate, que, por sua vez, se torna cada vez mais urgente.

Esse debate é importante para o desenvolvimento de abordagens comuns e maiores possibilidades de sucesso.

> Um amplo debate faz alguma diferença? Certamente. Lembro-me de uma discussão decisiva, em meados de 2003, com 30 representantes da sociedade civil quando estávamos desenvolvendo a Estratégia de Assistência ao Brasil. A sua contribuição foi clara para garantir que o programa se sustentasse sobre três pilares: eqüidade, competitividade e sustentabilidade. Essas consultas também foram instrumentais para a incorporação de temas como juventude, cultura e educação vocacional.

* * *

À medida que discutimos diagnósticos e políticas sociais e econômicas, os aspectos mais profundos dos problemas — e suas soluções — parecem estar ligados a fatores institucionais. Estes nem sempre são fáceis de compreender ou de tratar em sua totalidade, por isso lidamos com perspectivas que estão ao nosso alcance.

Este capítulo mostrou que enquanto as reformas são necessárias para o progresso, a sua implementação depende das forças e fraquezas institucionais. As principais áreas para reforma e consideração institucional, incluem flexibilidade fiscal, marco regulatório e oferta de serviços. Ações nos níveis descentralizados e a participação das pessoas são pontos positivos do Brasil. Entretanto, para ajudar a canalizar as energias, o Brasil pode querer confrontar a questão da governança e da corrupção, particularmente nos processos políticos, nas interações público-privadas e mecanismos de regulação, com urgência.

Um tema comum que emerge desta análise é que a atenção sobre a qualidade na agenda de reformas tem suas compensações que, no entanto, estão abaixo do ideal, devido aos ajustes institucionais que favorecem o *status quo*. Essa é uma ameaça que permeia uma grande parte dos temas discutidos.

6
QUALIDADE

Sempre percebi que toda ação começa realmente em uma palavra pensada.

Guimarães Rosa

Poucas pessoas discordariam de que reformas econômicas podem contribuir para a melhoria das condições de vida das pessoas. Aspectos quantitativos, tanto no lado das ações, como a quantidade das despesas públicas, quanto no lado dos resultados, como a taxa de crescimento econômico, são importantes. Igualmente importantes são os aspectos qualitativos, da mesma forma que a qualidade das despesas públicas ou a distribuição de renda associada ao crescimento econômico. Um enfoque como esse na qualidade muitas vezes está ausente ou é deficiente na maioria dos procedimentos de planejamento e análise.

No Brasil, economistas de todas as tendências ideológicas passaram a estudar com persistência a questão da quantidade e da qualidade. Eles acreditam que os governos em todos os níveis arrecadam um grande volume de impostos e gastam demais, porém a população recebe muito pouco de todo o montante despendido.

No Fórum de Desenvolvimento do Banco Mundial, em outubro de 2000, o professor Ricardo Paes de Barros, do Ipea, fez o seguinte comentário: "Se todos os recursos gastos nas políticas sociais no Brasil fossem jogados de um helicóptero, eles teriam mais chance de alcançar os pobres do que têm agora." Um estudo do Banco Mundial (2003b) diz que, nos programas sociais, apenas 13 centavos de cada real chega aos pobres situados entre os 20% no limite mais baixo da distribuição de renda.

A jornalista econômica Miriam Leitão chama a atenção para as questões de qualidade no espectro socioeconômico, com grande propriedade. Em uma recente coluna de jornal, a jornalista indaga por que as despesas com ensino são menos eficazes no Brasil do que comparativamente em outros países. O Brasil gasta mais em educação como percentagem do PIB do que a maioria dos países listados (exceto a Malásia e alguns países da OCDE), sem resultados correspondentes. O país investe duas vezes mais que a Coréia do Sul como percentual do PIB, mas enquanto 82% dos jovens coreanos freqüentam a universidade, esse índice é apenas de 18% para os jovens no Brasil.

Quantidade e qualidade: implicações práticas

As metas quantitativas são importantes no alcance e na avaliação do progresso. A carga da dívida e a disparidade na distribuição de renda no Brasil são duas áreas que precisam do estabelecimento de metas quantitativas para ajudar na redução de restrições futuras. Por exemplo, para diminuir o peso da dívida, esses limites devem ser definidos de acordo com o tamanho do superávit primário. É necessário definir marcos quantitativos referentes ao número de famílias que serão atendidas pelo programa Saúde da Família, entre outros, com o objetivo de melhorar a distribuição de renda.

Contudo, a qualidade também é importante (Quadro 6). Por exemplo, a natureza e a composição dos gastos incluídos na contabilidade financeira determinam como a postura fiscal deve ser orientada com vistas ao crescimento e à inclusão social. Os líderes governamentais quando questionados sobre o que impede a capacidade da administração pública de promover o crescimento a longo prazo, concordam que a rigidez do gasto público é um fator muito relevante.

O Brasil obteve bons resultados recentemente no alcance de algumas de suas metas quantitativas. O aumento do PIB se situou em quase 5% em 2004. A continuidade do rápido crescimento é essencial para diminuir de modo expressivo as taxas de pobreza. Entretanto, devido a uma desigualdade tão grande de renda, o crescimento sozinho não provocará necessariamente uma redução adequada da pobreza. Para isso, o crescimento deve ser eqüitativo e favorecer os pobres.

Outro exemplo é o fato de as exportações anuais terem ultrapassado o limite de US$ 100 bilhões. O grande aumento no volume das vendas externas contribuiu fortemente para a estabilidade e o crescimento econômico, mas a expansão do comércio exterior seria ainda mais benéfica se, por exemplo, as pequenas e médias empresas tivessem mais oportunidades de acesso aos mercados externos.

A qualidade também é importante em outra área. Para pagar suas dívidas, o Brasil precisa produzir um superávit primário fiscal, que foi acumulado em 4,5% em 2004. No entanto, o modo como esse superávit é composto — seja pela supressão de despesas perdulárias (mesmo que às vezes obrigatórias) ou de investimentos prioritários — determinará se esses cortes reduzirão o potencial de crescimento do país.

O enfoque na qualidade é ainda mais importante quando há contenção de recursos. Os gastos e a tributação no Brasil são altos se comparados a padrões internacionais, restando pouco espaço para mais aumentos. Ao mesmo tempo, é necessário haver uma melhora nos indicadores de pobreza e de qualidade de vida. Isso requer que todos os participantes aumentem a produtividade no uso de seus recursos, para que melhores resultados sejam obtidos.

A experiência internacional mostra que, quando há participação dos beneficiários de um programa, como, por exemplo, quando pais e professores estão envolvidos na educação das crianças e quando a sociedade civil fiscaliza e monitora os projetos de infra-estrutura, os mesmos resultados são alcançados com menos gastos, ou é possível obter melhores benefícios com o mesmo montante de despesas, como um bônus decorrente da qualidade.

Esse estímulo a uma maior eficiência no uso dos recursos, a uma maior participação da população e da sociedade civil, e ao melhor resultado dos esforços torna as reformas mais sustentáveis, como mostra a experiência não somente no Brasil, mas também na China, Irlanda, Coréia do Sul e em outros lugares. Por causa da estrutura social do Brasil, é especialmente importante que as reformas beneficiem os pobres. A contribuição dessas transformações para a qualidade de vida dos menos favorecidos faria com que mudanças difíceis, envolvendo ajustes complicados, tivessem mais probabilidade de ser implementadas e sustentadas. Isso é relevante para as reformas trabalhista e previdenciária, nas quais as melhorias sociais decorrentes da inclusão dos mais pobres são tão importantes quanto os benefícios fiscais produzidos pela redução dos gastos.

Quadro 6
O conceito de qualidade

> A qualidade se refere à natureza do processo de desenvolvimento, que tem como objetivo os atributos do bem-estar social. Os efeitos quantitativos estão relacionados a esses atributos, mas não necessariamente de maneira sólida e positiva.
>
> A melhoria nos resultados quantitativos é um determinante essencial de todas as outras formas de progresso. No entanto, alguns tipos de crescimento não são suficientes para que sejam alcançados os aprimoramentos desejados na qualidade de vida e, em alguns casos extremos, nem mesmo trazer benefícios a longo prazo. O caso extremo seria a expansão orientada por tendências opostas ao trabalho ou ao capital natural. Essa é a razão pela qual várias vezes a discussão neste livro enfatiza o crescimento inclusivo e sustentável.
>
> Os elementos utilizados no processo de desenvolvimento também apresentam uma perspectiva de qualidade. Independente de se tratar da política de estabilização ou da política de saúde, é possível obter melhores resultados ultrapassando as metas quantitativas estabelecidas para esses elementos e adotando medidas de qualidade. Esse procedimento também ajudaria a garantir que o crescimento resultante seja de boa qualidade.

Natureza da estabilização

O ajuste macroeconômico tem exercido um grande impacto sobre a redução da pobreza no Brasil. Com a inflação sob controle no período de 1994/95, a taxa de pobreza declinou em $1/5$. Os períodos anteriores de inflação alta e planos de estabilização malsucedidos mostraram que os pobres são especialmente suscetíveis às flutuações macroeconômicas, tendo enfrentado um grave declínio em sua renda real a cada aumento acentuado da inflação ou desvalorização da moeda.

Por isso é importante manter uma política macroeconômica equilibrada, especialmente para os pobres. O estabelecimento de metas de inflação permitiu que o Brasil se recuperasse dos choques e abrandasse as pressões inflacionárias. Os altos superávits primários ajudaram o país a pagar uma parte de sua dívida e reduzir sua vulnerabilidade às turbulências internas e externas.

No entanto, a credibilidade das metas de inflação continua a ser motivo de preocupação. Desde os anos 60, o Brasil passou 28 anos com uma taxa de inflação acima de 30% ao ano, com média superior a 100%. Na China e na Índia esse índice não ultrapassou 20% ao ano desde 1960, com média abaixo de 8% ao ano na Índia e abaixo 4% na China.

Nos últimos anos, o Brasil vem obtendo sucesso na redução da inflação. Contudo, é difícil escapar de um histórico inflacionário. O medo da inflação veio à tona visivelmente durante a transição governamental de 2002/2003 e poderá emergir novamente em outra mudança de administração. Esse receio também é evidenciado nas expectativas inflacionárias do país, que requerem grandes altas nas taxas de juros para produzir pequenas reduções nos índices de inflação.

Nos países sem histórico de inflação alta, onde as estimativas para esse indicador são baixas, até mesmo os bancos centrais politicamente dependentes são capazes de controlar a inflação. No entanto, com um legado de política monetária conduzida de forma política, a redução das expectativas inflacionárias no Brasil talvez requeira a autonomia dos órgãos financeiros encarregados de estabelecer as metas de inflação.

Outra preocupação é o déficit fiscal. Nos últimos anos, o Brasil conseguiu produzir superávits primários consideráveis (mais altos que na maioria dos demais países em desenvolvimento), enquanto a Índia e a China tiveram déficits primários. Por outro lado, devido aos pagamentos desproporcionalmente altos da dívida brasileira, o total do seu déficit fiscal tornou-se relativamente grande.

Para reduzir o déficit fiscal geral, o país deveria aumentar ainda mais o seu superávit primário, mas a questão é se há espaço para essa opção. Uma alternativa seria baixar o custo da rolagem da dívida. Outras medidas abrangem a redução da vulnerabilidade por meio do estímulo às exportações e ao acúmulo de reservas — uma política que tem sido adotada pelo país. O Brasil também poderia aperfeiçoar a composição de sua dívida, reduzindo a parcela indexada às moedas estrangeiras, o que vem sendo feito. O país também pode implementar reformas e ajustes fiscais, que expandem o crescimento. Quanto maior for a possibilidade de fazer a economia crescer e, portanto, reduzir a dívida em relação ao PIB, como parece ser o caso da China e da Índia, menor será o custo a ser pago pelos investimentos. Este é um cenário que se autofortalece: um crescimento maior leva a menores custos para financiar a dívida e libera mais receitas para investimentos essenciais que, por sua vez, geram mais crescimento.

Impacto dos gastos do governo

Uma questão óbvia se impõe: quais reformas e que tipo de ajuste fiscal expandem o crescimento? O ajuste fiscal poderia ser mais rigoroso se fossem praticados o aumento de impostos ou o corte de investimentos ou gastos correntes. A primeira das duas abordagens tende a ser mais palpável em termos políticos, levando-se em conta que o seu custo é difuso. Por outro lado, a redução das despesas afeta com freqüência uma categoria específica de cidadãos — os aposentados, por exemplo, no caso da reforma previdenciária — o que torna essa opção mais difícil de ser implementada em termos políticos. O Brasil vem adotando basicamente as duas primeiras abordagens.

Os impostos, que representam 36% do PIB, encontram-se em níveis comparáveis ou até superiores aos das economias da OCDE e se situam entre os mais altos dos países em desenvolvimento. A carga tributária na Argentina, no Chile, Japão, Coréia do Sul, México e em Cingapura, por exemplo, está abaixo de 22% do PIB. O alto nível de impostos no Brasil força muitas empresas e trabalhadores a adotar práticas informais, repassando uma pesada carga tributária para as firmas legalmente registradas. Isso limita o investimento e a poupança do setor privado formal, restringindo um maior crescimento a longo prazo.

Os cortes nos investimentos em infra-estrutura também podem exercer um efeito pernicioso sobre o crescimento a longo prazo, a menos que o setor privado contribua para preencher esse vácuo. No Brasil, os investimentos do setor público vêm declinando desde a década de 1980 e existe pouca ou nenhuma inversão do setor privado como compensação. Embora o investimento em capital não seja necessariamente um determinante do alto crescimento, a sua falta é uma importante restrição.

Durante a última década, os investimentos em infra-estrutura no Brasil se mantiveram uniformemente menores do que os de outros países concorrentes, como China, Índia, Coréia do Sul e Tailândia, em relação à parcela do estoque de infra-estrutura existente. Esses países investiram de duas a cinco vezes mais do que o Brasil, o que provocou uma redução na competitividade brasileira.

Com todos esses antecedentes, a melhor maneira de garantir o ajuste fiscal seria por meio de cortes nos gastos correntes que, ao contrário do aumento de impostos ou da redução nos investimentos, têm menos probabilidade de prejudicar o crescimento a longo prazo, possibilitando que a economia brasileira cresça e que o país reduza a relação dívida/PIB.

No entanto, um desafio a essa estratégia é a vinculação de receitas. O percentual de receitas vinculadas passou de cerca de 30% do orçamento, nos anos 70, para quase 80% atualmente. Em parte, isso reflete uma mudança nos gastos com previdência social, que passaram a ser incluídos nas alocações orçamentárias. Para reduzir a pressão sobre o orçamento, o governo aprovou uma legislação em 1993 que estabelece a desvinculação de 20% dessas receitas (Figura 23).

Embora a vinculação de receitas seja um procedimento comum há décadas, houve uma mudança considerável em sua extensão e objetivos. Nos anos 70, essas receitas eram utilizadas em sua maior parte nos gastos em infra-estrutura, mas após a Constituição de 1988, foi destinada uma grande parcela para despesas sociais, que incluíram designações pouco apropriadas de recursos para setores ineficazes, como a previdência social. No futuro, a flexibilidade e qualidade dos gastos dependerá da maneira como será tratada a questão da vinculação de receitas.

A combinação de superávits primários, restrições aos investimentos, vinculação de receitas e rigidez orçamentária reduziu o financiamento para projetos de desenvolvimento, bem como sua utilidade. Os financiamentos para investimento tradicionais do Banco Mundial e do Banco Interamericano de Desenvolvimento (BID) exigiam algum fundo de contrapartida do governo. Na medida em que os investimentos eram incrementais, eles necessitavam de espaço fiscal para garantir o financiamento adequado. Ambas as suposições acabaram se tornando cada vez menos realistas. A vinculação de receitas e a rigidez orçamentária precisaram sofrer mudanças e os acordos de financiamento externo precisaram assumir um novo formato.

FIGURA 23
Evolução das receitas vinculadas no Brasil, 1970/2003

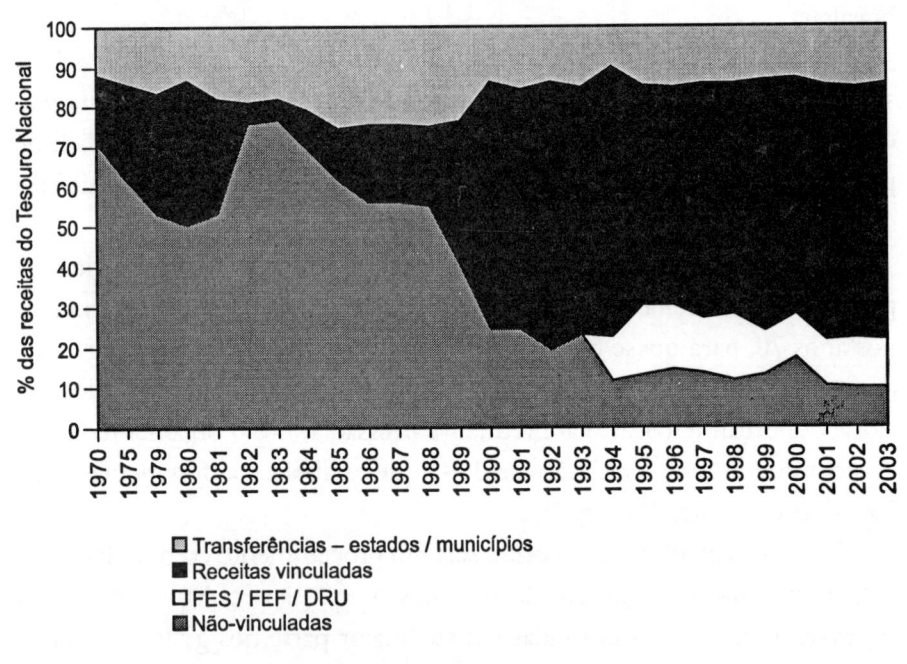

☐ Transferências – estados / municípios
■ Receitas vinculadas
☐ FES / FEF / DRU
▨ Não-vinculadas

Fonte: Dados do Ministério do Planejamento, Orçamento e Gestão.

Em 2003, houve uma reunião decisiva entre os secretários Joachim Levy, Bernard Appy e Otaviano Canuto (atual diretor-executivo do Brasil no Banco Mundial), do Ministério da Fazenda e outros membros do governo com uma equipe do Banco Mundial. No final do encontro, várias conclusões tornaram-se claras para todos: o Banco Mundial deveria examinar a possibilidade de financiar programas governamentais já existentes e não necessariamente criar outros novos, considerar os gastos correntes do governo como fundo de contrapartida e não forçosamente exigir novos gastos, e agregar valor ao programa em curso por meio de assistência técnica. Além de outros temas como avaliação e impacto, o grupo analisou um novo instrumento chamado programa setorial (SWAP).

Resultados educacionais

No Brasil, a matrícula escolar aumentou de um patamar abaixo de 80% da população em idade escolar, em 1980, para quase 97% em 2002, o que colocou o país acima da média internacional de outros com o mesmo nível de renda. Poucos países conseguiram ganhos tão expressivos em tão curto espaço de tempo.

A expansão no número de matrículas produziu resultados positivos no ensino básico. A taxa de analfabetismo entre crianças e adolescentes na faixa de 10 a 14 anos decresceu de mais de 20%, em 1980, para menos de 5% em 2002, resultando em uma melhoria no índice geral de analfabetismo do país.

Com a expectativa de que 90% das crianças que freqüentam a escola terminarão os quatro primeiros anos do Ensino Fundamental, o desafio passa a ser a garantia de ingresso de todos os alunos no Ensino Médio. Nos quatro últimos anos do Ensino Fundamental, o índice de repetência, em vez do acesso físico à escola, é o que impede a existência de maiores taxas de conclusão (atualmente 66%). No Ensino Médio, o acesso físico e o custo de oportunidade, para alunos acima da idade escolar que precisam trabalhar, transformaram-se em obstáculos ao progresso.

Os índices de repetência, as taxas de conclusão, a passagem para o ensino secundário e a valorização da aprendizagem são fatores relacionados à qualidade do Ensino Fundamental. A questão principal é se esses anos na escola e as taxas mais altas de alfabetização se converterão em um maior aprendizado e conhecimento, que permitirá às crianças de hoje serem mais bem-sucedidas e produtivas no futuro. Nesse caso, os dados são conflitantes.

De acordo com as taxas correntes de repetência, estima-se que apenas dois em três alunos que ingressam no Ensino Fundamental (iniciado em 1998) completem a 8ª série, o que levará em média dez anos. Estima-se que somente um em dois estudantes termine o Ensino Médio e eles levam 14 anos para isso. Estas são as médias nacionais (Rodriguez e Herran, 2000). A situação é ainda mais calamitosa nas regiões Norte e Nordeste. Além dos benefícios diretos de uma boa educação para os filhos e as famílias, projeções mostram que a redução de 1% na taxa de repetência (de alunos que cursaram o mesmo ano de novo no período da 1ª à 4ª série) se traduzirá em poupança financeira de US$ 240 milhões (Banco Mundial, 2004b).

Embora seja essencial reduzir os índices de repetência e garantir que mais crianças ingressem na educação secundária, a qualidade do currículo e do processo de formação de professores ainda está em pauta. Os estudantes brasileiros se situam em posições inferiores nas comparações com alunos da OCDE e das economias do Leste Asiático. Em uma avaliação conduzida pela OCDE em 2003, mais de 85% dos estudantes brasileiros foram classificados nos dois níveis mais baixos em matemática, compreensão de leitura e ciências. Na Coréia do Sul e na Irlanda, menos de 10% dos alunos tiveram um desempenho tão ruim (Programa Internacional de Avaliação de Estudantes 2004 da OCDE).

Por outro lado, o Brasil apresentou avanços encorajadores. O desempenho de seus estudantes foi melhor nas avaliações da OCDE em 2003 do que em 2000, quando o país progrediu consideravelmente em termos de expansão ao acesso escolar.

A Coréia do Sul também mostrou avanços semelhantes em educação nos últimos 20 anos, o que colocou o país em segundo lugar na avaliação da OCDE. O sucesso da Coréia do Sul decorreu de uma estratégia equilibrada de grande investimento no ensino realizada em três etapas: primeiro na educação primária, em seguida no ensino médio e finalmente no ensino universitário.

O Brasil se concentrou nos Ensino Fundamental e Superior, atribuindo pouca importância à qualidade. A baixa qualidade do ensino de 1ª a 4ª série resulta em um número relativamente pequeno de estudantes que passam para o Ensino Médio, deixando o país entre duas situações extremas, ou seja, um grande grupo de pessoas conclui somente a primeira parte do Ensino Fundamental e uma minoria tem nível superior. Os ricos matriculam seus filhos em escolas privadas, em todo o Ensino Médio, porém mais tarde recebem os benefícios de um ensino universitário público mais caro, de melhor qualidade e altamente subsidiado. Enquanto os pobres freqüentam um Ensino Fundamental e Médio de menor qualidade e universidades particulares de alto custo e qualidade mais baixa — quando sequer conseguem chegar ao nível superior.

Em termos práticos, esse quadro indica que o Brasil precisa voltar mais sua atenção para a educação fundamental e média, por meio do fortalecimento de iniciativas educacionais que incentivam a participação da comunidade e aumentam a responsabilidade social das escolas. Além disso, para todo o sistema seria importante estabelecer metas, que meçam o progresso na aprendizagem dos alunos e não apenas a expansão do acesso à escola. Igualmente necessária é uma reforma universitária que se concentre no nível de gastos públicos e na igualdade de acesso.

A melhoria dos resultados educacionais não precisa implicar mais gastos; com freqüência, faz-se necessária uma melhor qualidade de despesas. Um estudo dos municípios brasileiros mostra uma grande variação nas taxas de aprovação no mesmo nível de gastos por estudante e índices semelhantes de aprovação com grandes variações nos gastos (Figura 24). As cidades de Fortaleza e Maceió, no Nordeste, apresentam renda e gastos *per capita* com educação similares, porém com vasta diferença nos resultados. O mesmo ocorre em Belém e Manaus, na região Norte.

FIGURA 24

Despesas administrativas municipais e taxa de aprovação por estudante no Brasil

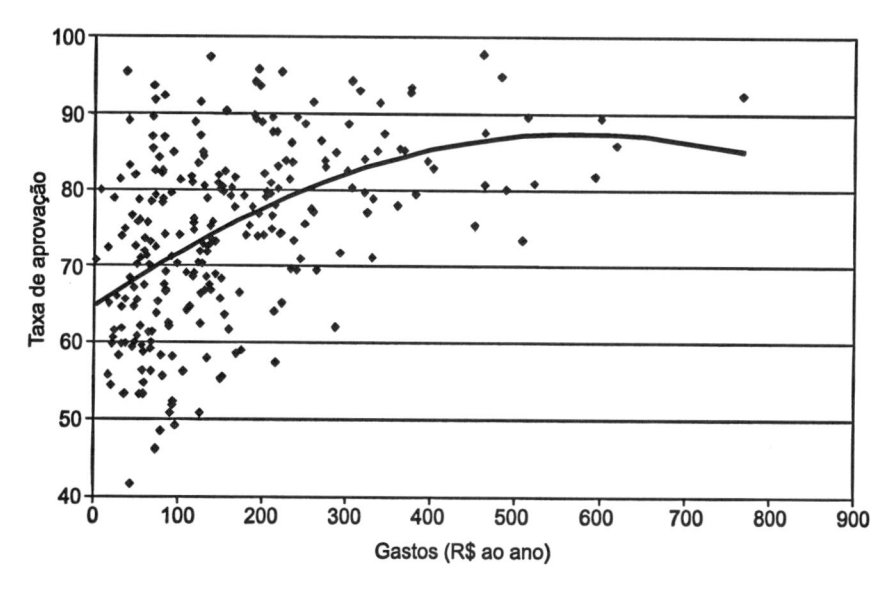

Fonte: MEC/Inep e MEC/FNDE/Fipe.

Dessa forma, se apenas o gasto por estudante não é determinante nos resultados educacionais, qual será o fator decisivo? No Brasil e em outros lugares, a experiência com projetos de redução da pobreza e outros programas sociais demonstrou que os resultados são expressivamente melhores quando os beneficiários têm participação ativa nas decisões e na implementação dos projetos, e quando os recursos para a educação são administrados de modo eficaz e distribuídos com igualdade. A melhoria do currículo, tornando professores e alunos mais responsáveis, bem como o aperfeiçoamento da aprendizagem e do conhecimento, vai requerer um maior envolvimento e integração dos professores, alunos, pais e da sociedade civil.

Resultados dos programas de saúde

Como todos os gastos públicos, as despesas com o setor de saúde precisam ser eficientes e eqüitativas, para melhorar a vida do maior número de pessoas possível. Além disso, é importante considerar de que modo os resultados da saúde são afetados pelas atividades em outras áreas, como o acesso a melhores serviços de água e saneamento, que reduz a incidência de doenças facilmente evitáveis.

O Brasil fez progressos significativos nas duas últimas décadas quanto à redução da mortalidade infantil. Assim como na matrícula escolar, o país se situa entre as várias nações com um grande progresso nessa área, reduzindo a mortalidade infantil de um índice acima de 70 em mil nascidos vivos, em 1980, para cerca de 30 atualmente. Com isso, mais de 150 mil vidas de crianças são salvas ao ano (Figura 25).

Ainda há muito espaço para tornar mais eficiente a transformação dos gastos com saúde em melhores resultados para o setor. Em parte, elevar o nível de qualidade depende da melhoria na eqüidade do sistema de saúde. A qualidade desse tipo de assistência é muito melhor para as pessoas situadas entre os 20% mais ricos da população do que entre os 20% mais pobres. A questão que se coloca é onde os menos favorecidos recebem assistência médica e se isso realmente ocorre. A distribuição é ilustrada na Figura 26.

O BRASIL VISTO POR DENTRO 171

FIGURA 25
Mortalidade infantil e PIB *per capita*

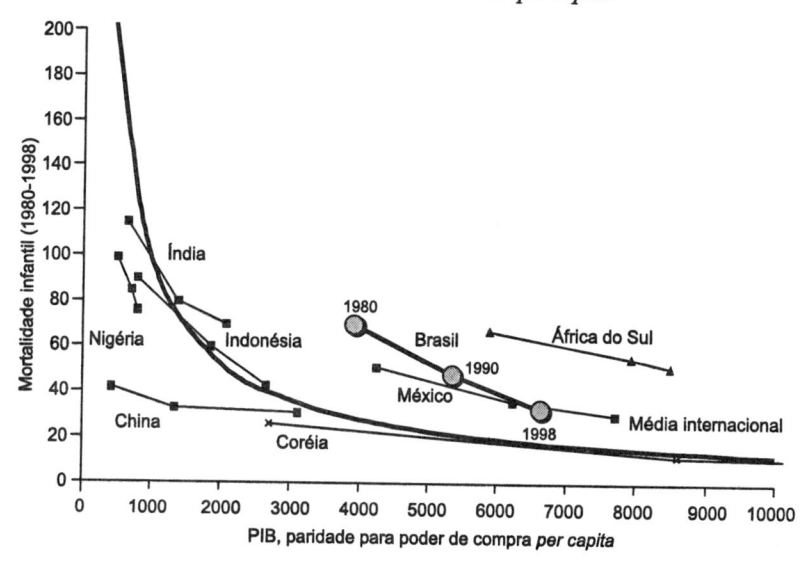

[Gráfico de dispersão mostrando a relação entre mortalidade infantil (1980-1998) no eixo Y e PIB, paridade para poder de compra per capita no eixo X. Países representados: Nigéria, Índia, Indonésia, China, Coréia, México, Brasil (1980, 1990, 1998), África do Sul, e Média internacional.]

Fonte: Dados do Banco Mundial.

FIGURA 26
Locais onde se obtém assistência de saúde nas áreas urbanas do Brasil, por quintil de consumo, em 1997

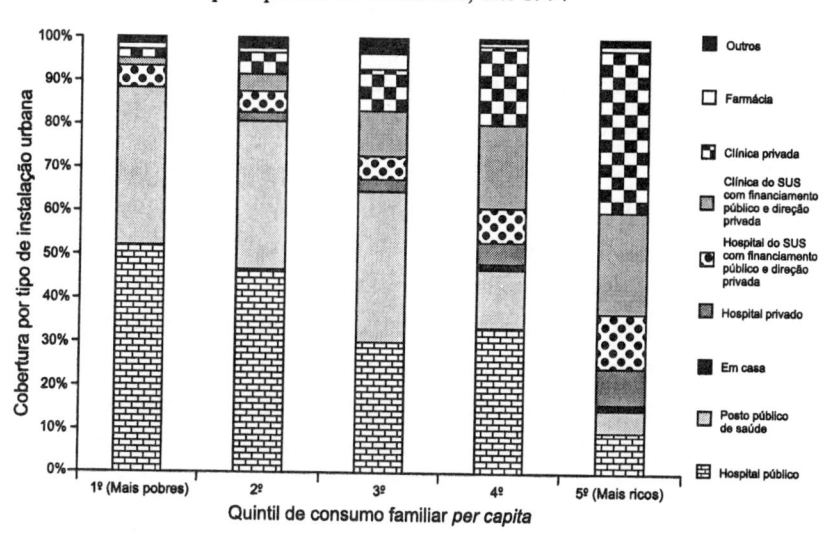

[Gráfico de barras empilhadas mostrando a cobertura por tipo de instalação urbana nos quintis de consumo familiar per capita (1º Mais pobres a 5º Mais ricos). Legenda: Outros, Farmácia, Clínica privada, Clínica do SUS com financiamento público e direção privada, Hospital do SUS com financiamento público e direção privada, Hospital privado, Em casa, Posto público de saúde, Hospital público.]

Fonte: IBGE.

A maioria dos usuários dos serviços públicos de saúde básica são pobres, no entanto existe financiamento do governo para grupos de renda alta. Por exemplo, o quintil mais pobre recebe cerca de 90% de seus cuidados em hospitais e postos de saúde públicos e apenas 7% em clínicas e hospitais privados financiados pelo SUS. O quintil mais rico recebe cerca de 16% de seus cuidados em hospitais e postos de saúde públicos, mas também recebe cerca de 35% em instituições privadas financiadas pelo SUS. As pessoas mais abastadas tendem a acessar o SUS quando necessitam de cuidados mais complexos e de alto custo que são fornecidos em sua maior parte nos hospitais de pesquisa públicos, mas não são cobertos pelos planos de saúde privados, enquanto os pobres tendem a utilizar o sistema de saúde para assistência básica de baixo custo.

Um exame detalhado desse quadro mostra que as pessoas em melhor situação dispõem de uma assistência de melhor qualidade, oferecida por instituições públicas e privadas (Von Amsberg, Lanjouw e Nead, 1999). Entre os 54 hospitais credenciados, a metade é composta por unidades de saúde comerciais e renomadas, que são utilizadas quase exclusivamente pelos ricos. O outro terço é constituído de instituições de saúde sem fins lucrativos também utilizadas por pessoas abastadas, mas os pobres têm acesso a um número limitado de leitos. A grande maioria dos hospitais financiados pelo SUS, que prestam serviços aos pobres, não atendem a padrões mínimos de qualidade.

Uma razão para que os pobres façam menor uso desses órgãos de saúde é a distância e o custo da viagem até um hospital ou uma clínica do SUS. Outro aspecto dessa questão é que uma grande parte da assistência básica do SUS é realizada em hospitais, embora o mesmo tratamento pudesse ser oferecido em um posto de atendimento básico ou ambulatorial. Como o custo do tratamento hospitalar para um determinado diagnóstico é normalmente mais caro do que o realizado em um posto de saúde, o redirecionamento das verbas dos hospitais para instituições de assistência básica e ambulatorial representaria uma realocação eficaz dos recursos públicos. Isso contribuiria para a melhoria da qualidade dessas instalações, que são utilizadas principalmente pelos pobres.

A experiência internacional mostra que os cuidados tradicionais e preventivos são mais importantes quando comparados ao tratamento mais complexo oferecido freqüentemente no Brasil. Países como a China, Coréia do Sul e Índia, que praticam em larga escala a medicina tradicional, homeopática e preventiva, parecem obter melhores resultados com menor custo.

O Brasil gasta com saúde sete vezes mais *per capita* do que a Índia e três vezes mais do que a China (Tabela 7). Não obstante, esse maior volume de despesas, os indicadores de saúde brasileiros são ligeiramente menos favoráveis do que os da China. Contudo, esses índices são melhores do que os da Índia, levando-se em conta os dispêndios *per capita* extremamente baixos e a maior dispersão da pobreza indiana. A expectativa de vida na China é de 71 anos e a mortalidade infantil é de cerca de 30 em mil nascidos vivos, a um custo de US$ 63 por pessoa em assistência de saúde; isso é semelhante aos resultados obtidos no Brasil com um gasto *per capita* de US$ 206.

Tabela 7
Indicadores da qualidade de saúde

	Brasil	Índia	China
Expectativa de vida ao nascer para ambos os sexos em 2003 (anos)	68,7	63,4	70,8
Mortalidade infantil em 2003 (por 1000 nascidos vivos)	33	63	30
Recém-nascidos com baixo peso em 1996 (%)	10	30*	6*
Médicos por 1.000 pessoas em 2004	2,06	0,51**	1,64
Leitos hospitalares por 1.000 pessoas em 1996	3,11	nd	2,55
Gastos *per capita* com saúde em 2002 (US$)	206	30	63

* = 1999; ** = 1998; nd = não disponível.
Os dados nacionais podem diferir, por exemplo, quanto à mortalidade infantil no Brasil que de acordo com estes dados é de 30.
Fonte: Dados do Banco Mundial.

Devido às atuais restrições fiscais e à grande parcela de gastos com o sistema público de saúde, a garantia de uma assistência de qualidade é menos uma questão de se fazer mais dispêndios e mais a adoção de novos métodos para obter melhores benefícios com os mesmos níveis de gastos. Uma solução potencialmente eficaz em termos de custo seria complementar a estrutura de saúde com formas mais tradicionais de medicina, que produzam melhores resultados com menor custo. Mais recursos poderiam ser dirigidos às clínicas e hospitais públicos que oferecem assistência mais barata aos pobres.

Como as diferenças nos gastos com o setor de saúde não são sistemáticas em todos os tipos de instituição, é difícil fazer generalizações. A mobilização de recursos para a saúde básica, com o objetivo de melhorar a qualidade dos serviços para os pobres, teria mais possibilidade de exercer um maior impacto sobre a média da qualidade de vida do que o investimento em assistência mais complexa, que beneficia principalmente os mais ricos.

Melhores resultados da proteção social

Com a intenção de aperfeiçoar a qualidade dos gastos em assistência social, o governo integrou quatro programas federais de transferência de renda condicional pelo Bolsa Família. Cada um dos programas possuía uma administração própria e contava com específicas estruturas administrativas, processos de seleção de beneficiários, e contratos com o setor bancário para a efetuação dos pagamentos individuais, além de outros serviços. Essas estruturas desagregadas geraram deficiências e duplicação administrativa. Embora muitas das iniciativas fossem individualmente promissoras, a sua integração em um só programa de transferência de renda condicional tem a possibilidade de ser mais eficaz.

O Bolsa Família se tornou uma das maiores iniciativas sociais do governo. Com orçamento de R$ 6,5 bilhões em 2005, seus principais objetivos são reduzir a extrema pobreza atual, através de transferências diretas em dinheiro, e combater a pobreza futura, por meio de melhores incentivos, para que as famílias dos beneficiários invistam em capital humano. O programa integra vários outros projetos de transferência de renda e os coordena a outras iniciativas e políticas sociais em todos os níveis de governo.

O Bolsa Família visa fornecer apoio a famílias inteiras, contanto que todos os membros cumpram os principais investimentos em desenvolvimento humano (buscar assistência básica de saúde para os filhos e matriculá-los na escola). Espera-se que sejam estabelecidas importantes sinergias decorrentes da promoção simultânea de investimentos em saúde e educação.

O programa tem como objetivo alcançar 11 milhões de famílias (ou cerca de 44 milhões de pessoas) até 2007. O principal público-alvo são as famílias com renda *per capita* abaixo de R$ 50 ao mês (extrema pobreza), seguido pelos núcleos familiares com renda *per capita* entre R$ 50 e R$ 100. As famílias consideradas extremamente pobres recebem uma transferência mensal de R$ 50, além de recursos que variam de acordo com a composição familiar (R$ 15 para cada membro, até um máximo de R$ 45). As famílias moderadamente pobres recebem transferências de renda variáveis. A média das transferências de recursos é de R$ 71 por núcleo beneficiado.

O programa é administrado pelo Ministério do Desenvolvimento Social, embora os municípios continuem a fazer a coleta de dados para o registro das famílias. Os ministérios da Saúde e da Educação também participam, monitorando a compatibilidade com as exigências do programa, juntamente com os estados e municípios.

Uma questão que deve ser verificada no futuro é como a unificação de programas e o Cadastro Único vão funcionar para melhorar a seleção de famílias, reduzir a duplicação e aumentar a eficiência. Outra indagação é se a eficácia dos investimentos em educação e saúde habilitará as pessoas a se graduar e ter sucesso por conta própria.

Recursos para o futuro

Os recursos naturais constituem uma grande parcela dos bens dos pobres e sua maior fonte de subsistência. Assim, a gestão desses recursos tem conseqüências importantes para os menos favorecidos e para a redução da pobreza.

Nas áreas urbanas pobres, a poluição da água decorrente do tratamento inadequado da coleta de esgoto prejudica a saúde e o desenvolvimento, causando um impacto desproporcional sobre as pessoas pobres que vivem nas favelas em torno das maiores cidades. A poluição do ar também afeta mais os pobres urbanos do que qualquer outro grupo, porque eles vivem de modo geral em bairros com maior contaminação do ar.

Nas áreas rurais, grande parte da terra cultivada foi desmatada nos últimos 30 anos, incluindo imensas extensões de solo inadequado, e muitas regiões foram abandonadas. As áreas vulneráveis continuam a se degradar e a assorear os rios. O Brasil perde mais de um milhão de hectares de solo arável a cada ano devido à erosão, provocando um grande efeito destrutivo sobre os pequenos agricultores.

Os estados do Paraná, Rio Grande do Sul e de Santa Catarina desenvolveram uma estratégia bem-sucedida para maximizar a cobertura do solo, melhorar sua estrutura, minimizar a drenagem da superfície e controlar a poluição da água. Foram estabelecidos comitês em microbacias selecionadas para conduzir pesquisas de solo e preparar planos de gestão. Os membros desses comitês receberam treinamento em administração e aos produtores rurais foi oferecido treinamento técnico sobre gestão e tecnologias agrárias. A estratégia participativa ajudou a reduzir à metade as perdas de solo cultivável, aumentou as colheitas e elevou o nível dos lençóis freáticos. A abordagem de microbacias está sendo reproduzida com novas características em outros estados, como São Paulo, e em uma nova geração de projetos no Paraná, Rio Grande do Sul e Santa Catarina.

Não é raro ouvir a alegação de que a destruição das riquezas naturais é o preço pago pelo rápido crescimento. No entanto, não há evidência de que o Brasil tenha crescido de modo mais acelerado durante os períodos de maior desmatamento ou mais lentamente durante os períodos de menor desflorestamento. Se os recursos naturais brasileiros são considerados um patrimônio inigualável, a sua preservação seria uma das soluções para o país realizar o seu potencial. Pesquisas como a do IBGE mostram que os brasileiros estão profundamente preocupados com a destruição ambiental e consideram ser esta a causa principal de seu mau desempenho econômico e social.

O desmatamento prossegue em taxas recordes no Brasil. Que tipo de gestão florestal e quais procedimentos o país poderia adotar para melhorar a qualidade dos resultados? O Brasil ainda possui uma quantidade significativa de terras sem cobertura florestal que deve ser utilizada na agricultura. Existem até mesmo grandes extensões de terra que já foram desmatadas e que estão ociosas. O país reconhece que a destruição de mais florestas não é a solução para um desenvolvimento mais rápido.

O estabelecimento de metas e objetivos também é importante em outros segmentos da gestão ambiental como, por exemplo, as terras que se constituíram em reservas. Para conservar a biodiversidade, a solução está na proteção seletiva de áreas ricas em biodiversidade, em vez de se concentrar na preservação de grandes extensões de terras.

Está emergindo o consenso de que utilizar uma escala que contemple grandes unidades de paisagem no planejamento da conservação aumenta em muito as chances de sobrevivência da biodiversidade a longo prazo. A criação de um corredor ecológico abrangendo diversos tipos de uso da terra representa uma das iniciativas mais promissoras. No Brasil, o Projeto de Corredores Ecológicos e outros projetos de biodiversidade estão reunindo apoio econômico, social e político, com o objetivo de conservar a biodiversidade em grandes regiões nas principais áreas de florestas do país. Os corredores são dimensionados e administrados de modo a garantir a sobrevivência da fauna e da flora, fazendo com que continuem seus processos biológicos normais sem interferências.

Do ponto de vista biológico, o principal objetivo do corredor é manter ou restaurar a conexão entre fragmentos de florestas em toda a região. Isso implica a criação de mais áreas de proteção, a adoção de estratégias de uso da terra mais adequadas e a restauração das terras degradadas nos principais locais.

Sob uma perspectiva institucional, a estratégia de implantação dos corredores busca melhorar a gestão das áreas protegidas, criar capacitação administrativa e promover pesquisas biológicas e socioeconômicas que possam identificar instrumentos para reduzir a ameaça às espécies em extinção. As necessidades das comunidades locais e de outros interessados também devem ser incluídas no planejamento para assegurar a sustentabilidade a longo prazo dos parques e reservas ambientais.

* * *

É importante concentrar a atenção sobre a qualidade não somente pela sua própria relevância, mas também para aumentar a eficácia das medidas quantitativas. Dessa forma, os resultados decorrentes da educação e da saúde serão ampliados quando as metas quantitativas forem complementadas por esforços que visem aumentar a produtividade do solo. O mesmo é válido para a gestão do setor público, para o impacto dos gastos, o marco regulatório e o regime de licenciamento.

Este capítulo mostra como o enfoque na qualidade pode fazer uma grande diferença em áreas-chave. Na gestão macroeconômica, ela amplia o foco das metas de superávit primário para a composição dos resultados fiscais, a flexibilidade do uso dos recursos e o impacto nos resultados. Na educação, saúde e assistência social, reforça a direção que os profissionais desses setores estão tentando dar para melhorar a qualidade dos resultados. E também dá a correta valorização aos recursos naturais do país.

A mudança de perspectiva para uma maior atenção sobre os efeitos e resultados seria importante para a próxima fase das reformas. Essas mudanças irão afetar diversas áreas e setores: desde a educação e saúde, passando pelo meio ambiente e a infra-estrutura, à macroeconomia — definindo uma agenda para as ações do Brasil.

7

A AGENDA DO BRASIL

> *Uma concepção adequada de desenvolvimento deve abranger muito mais do que a acumulação de riqueza e o crescimento do produto interno bruto. Sem ignorar a importância do crescimento econômico, nosso olhar deve ir muito mais além.*
>
> Amartya Sen

A cada seis meses, entre 2001 a 2005, a delegação brasileira, chefiada pelo ministro da Fazenda, encontrava-se com o presidente do Banco Mundial e sua equipe para discutir os avanços alcançados pelo Brasil. As reuniões sempre foram cordiais e positivas. As preocupações iniciais nesse período eram a estabilização econômica e a retomada do crescimento. A abrangência e a natureza do apoio do Banco Mundial estiveram presentes nas discussões. Não foi questionada a parceria em si, mas como esta seria estruturada de modo a atender as necessidades do país.

O último encontro entre o presidente James Wolfensohn, no final de seu mandato, e o ministro Antonio Palocci ocorreu no segundo trimestre de 2005. O ministro enfatizou o compromisso brasileiro com a sustentabilidade ambiental, tema que ocupou a maior parte de seus comentários. Considerando a dificuldade da questão, o presidente do Banco Mundial afirmou que essa fora a melhor notícia que ele havia recebido durante essas reuniões.

O que foi particularmente memorável sobre esses encontros não foi apenas a maneira como eles mostraram a evolução do pensamento no Brasil, mas também como eles forneceram uma perspectiva transversal do país. Os grandes países dominam as discussões — o alto crescimento na China e a necessidade de estabilização macroeconômica na Índia, o esforço da Nigéria para alcançar a boa governança, bem como a recuperação da Indonésia após os desastres naturais. Nesse contexto global, emerge claramente a grande importância do Brasil e de sua agenda de reformas, como se pode ver nas indicações e interesse do novo presidente do Banco Mundial, Paul Wolfowitz.

A maioria das projeções feitas por especialistas estrangeiros situa as perspectivas do Brasil em uma faixa moderada, abaixo daquelas da China, da Índia e de outras economias asiáticas. De fato, essas estimativas refletem as diversas restrições enfrentadas pelo país, como discutido neste livro. Contudo, elas também extrapolam o futuro com base nas tendências recentes. O desempenho passado não prevê necessariamente a evolução futura, especialmente em um país como o Brasil, onde existem muitas áreas nas quais grandes avanços parecem iminentes — ciência e tecnologia, comércio, agronegócio, ecoturismo, arte e cultura. Algumas se constituem em áreas tradicionais nas quais se procura valor agregado, outras são específicas ao Brasil. A agenda de reformas abrange iniciativas para melhorar a inclusão social e aumentar a contribuição de todos. Também oferece possibilidades de se obter o melhor dos pontos positivos convencionais e não-convencionais do país, com o objetivo de mudar o curso do passado recente e provar que as previsões estão erradas, como a Coréia do Sul provou há pouco tempo.

Em 2003, logo no início de seu mandato, o presidente Lula patrocinou um seminário com duração de um dia sobre as prioridades das reformas, com atenção especial voltada para experiências internacionais relevantes ao Brasil. Seu ministério estava presente em sua quase totalidade. O co-patrocinador foi o presidente do Banco Mundial. Participaram do evento o presidente do BID, Enrique Inglesias, o ex-primeiro-ministro da Holanda, Willem Kok, e o economista-chefe do Banco Mundial, Nicholas Stern.

Após uma hora de deliberações, o presidente Lula comentou que a reunião parecia um fórum internacional, que progredia no tratamento do assunto, mas carecia de qualquer sentido de urgência ou de perspectiva prática. Essa intervenção agitou a reunião. O que se seguiu foi uma discussão dirigida de forma penetrante para a experiência global com programas de assistência social e a economia política das mudanças necessárias, em particular a do México. Se uma clara prioridade de implementação emergiu da reunião, foi a idéia do Bolsa Família.

A agenda de reformas é ampla. A questão é como estabelecer as prioridades e tratá-la com urgência. Até certo ponto, os componentes podem ser introduzidos ao longo do tempo, mas é vital estar sempre aberto às oportunidades e aproveitar as ocasiões quando se apresentarem. Certamente, isso depende mais de arte do que de ciência. Nessa perspectiva, o Quadro 7 define cinco áreas de oportunidades e as reformas pertinentes que o Brasil está pondo em prática para obter melhores vantagens em relação a sua implementação.

Quadro 7
Estabelecimento de metas

Quando se coloca lado a lado as oportunidades e as limitações do Brasil, a questão é saber quais prioridades de ação esse panorama revela. A lista na Tabela 8 é resultante das opiniões da população sobre metas e opções, submetidas aos critérios de resultados para qualidade de vida (educação, saúde e renda), viabilidade (como o aumento da produtividade), recursos próprios do país (capital humano e natural) e o papel preponderante das instituições.

Todos os objetivos listados a seguir são altamente convenientes e viáveis nos próximos 15 anos. No entanto, o estabelecimento de metas requer uma visão e uma estratégia que as pessoas possam apoiar. Sob muitos aspectos, cada objetivo representa também um substituto para um determinado estágio mais avançado que está a ponto de ser alcançado.

Cada objetivo corresponde a uma área prioritária de ação. Essas metas não são abrangentes, mas cada uma delas responde à pergunta: qual direção você tomaria antes de todas as outras? Algumas dessas ações, como a reforma previdenciária, requerem legislação ou até mesmo mudanças constitucionais; outras, como a melhoria da qualidade de serviço, podem ser induzidas por ações administrativas.

Tabela 8
Metas e opções para o Brasil de 2005 a 2020

Metas	Áreas de ação
• Obter a classificação de grau de investimento	• Implementar a próxima reforma na previdência social
• Fazer progressos na competitividade global	• Colocar enfoque total na qualidade da educação
• Redirecionar para obter mais igualdade	• Lançar campanha para maior impacto dos gastos públicos
• Fazer melhor uso dos recursos naturais	• Impor contratos de sustentabilidade ambiental aos estados
• Melhorar a qualidade dos serviços públicos	• Fazer o marco regulatório mais eficiente para energia e infra-estrutura
• Reformar o processo político	• Implementar mudanças no sistema eleitoral e no financiamento dos partidos

Essas metas e ações estão claramente inter-relacionadas. Por exemplo, o aprimoramento do gasto público complementa um marco regulatório mais eficiente para estimular os investimentos privados e o crescimento. Uma mudança de enfoque para a qualidade do ensino, acompanhada de maior prioridade à sustentabilidade, leva a um melhor uso dos recursos naturais. Uma reforma política viabiliza as reformas socioeconômicas e aumenta sua sustentabilidade. Estes são alguns dos círculos virtuosos que o país espera gerar.

Investindo em todos os recursos

Ao observar todas as áreas que afetam o desempenho, um tema bastante claro emerge: a necessidade de se enfatizar o capital humano e a qualidade de vida da população. Embora seja importante voltar a atenção para o progresso das metas quantitativas, como a matrícula escolar, o mesmo ocorre com os atributos dos investimentos em capital humano.

Um segundo tema está relacionado ao capital físico e à necessidade de atingir um maior crescimento pelo aumento da produtividade, especialmente dos pequenos produtores. A ênfase na produtividade e na inclusão social, em vez da acumulação por meio de subsídios ao capital físico, ajudaria a lidar com a necessidade de crescimento com igualdade.

Um terceiro tema refere-se ao capital natural. A produtividade é de extrema importância. O Brasil precisa usar os seus preciosos recursos naturais de forma sensata e ao mesmo tempo protegê-los como fonte de crescimento sustentável. Uma idéia amplamente aceita é a de que os países precisam investir em capital humano e físico para crescer. Torna-se igualmente evidente que os países também necessitam investir bem em seu capital natural para se desenvolver.

A contribuição das instituições é reunir todos esses elementos para que eles aconteçam, estabelecendo como será a administração da contabilidade macroeconômica, como as transições políticas ocorrerão e como será a gestão dos recursos naturais. Essas conexões institucionais precisam ser reconhecidas e apoiadas. Da mesma forma, existem hiatos institucionais que precisam ser resolvidos como, por exemplo, o alto custo para se fazer negócios, a fraca coordenação entre os setores e nos escalões de governo, e os direitos inadequados de propriedade nas áreas rurais. O Brasil realiza o seu potencial na medida em que tira melhor proveito de sua capacidade institucional e reverte seus pontos fracos. Estimular a participação do setor privado é uma etapa nessa direção. A outra é partir da descentralização dos municípios. Aproveitar a força da sociedade civil é uma terceira opção.

Em cada um desses atributos — capital humano, físico e natural — os aspectos qualitativos emergem como fatores importantes. Isso significa que a agenda de reformas e suas bases de apoio institucionais necessitam incluir os efeitos da qualidade — que constitui o tema central deste livro.

Além do crescimento

O crescimento econômico domina as discussões sobre desenvolvimento e é justo que isso aconteça porque seus benefícios têm grande penetração. No entanto, também é importante se concentrar nos aspectos mais amplos da qualidade de vida, que incluem educação básica, saúde, água, saneamento, habitação e um meio ambiente limpo. Mesmo que os efeitos das intervenções que tomam por base essas dimensões não sejam captados imediatamente pelos indicadores de pobreza ou de renda, eles contribuem para efetivas melhorias na qualidade de vida e na redução da pobreza, além de ajudar a suprimir a crença fatalista de que aqueles que nasceram pobres serão pobres a vida inteira. A experiência do Ceará, nesse aspecto, serve de exemplo para descobrir a maneira de melhorar as avaliações da pobreza, utilizar políticas dirigidas para aperfeiçoar a provisão de serviços públicos para os pobres, melhorar a qualidade de vida, aumentar a inclusão social e redistribuir o consumo.

O crescimento econômico não será suficiente para reduzir rapidamente a pobreza em um dos países mais desiguais do mundo. As ações devem partir do progresso já feito para fortalecer o capital humano, especialmente entre os pobres. As mudanças demográficas impõem novos desafios tais como o aumento da incidência de pobreza urbana, sugerindo que novas abordagens precisam ser consideradas.

O que surge desta análise, com implicações também para outros países, é a necessidade de combinar o crescimento com as transferências de renda seletivas para exercer um impacto significativo sobre a redução da pobreza. Seria importante ampliar o trabalho inicial acima mencionado para compreender a natureza e a amplitude das diferenças na qualidade de vida como uma base para programas sociais mais robustos.

O significado do vínculo entre crescimento e pobreza é muito mais amplo. Uma abordagem inclusiva que se concentre especialmente na pobreza e na qualidade de vida contribuirá para um crescimento mais rápido e ajudará a sustentá-lo. Para que o Brasil atinja e mantenha taxas de crescimento de 7%, será essencial incluir uma parcela muito maior da população no processo produtivo. E, desse modo, os programas sociais eficazes não serão apenas bons complementos para o crescimento, mas também contribuirão para o desenvolvimento.

Se isso for verdadeiro, algumas das crenças tradicionais sobre as estratégias de desenvolvimento serão colocadas em questão. Costumava-se dizer que os países precisavam crescer primeiro e depois distribuir renda, ou crescer primeiro e limpar o meio ambiente depois. A verdade é que o crescimento, a distribuição de renda e um meio ambiente melhor andam de mãos dadas, pelo menos no Brasil.

Mais produtividade da parte de todos

O crescimento da produtividade é uma das soluções para o crescimento sustentável e inclusivo, e também provoca a acumulação de fatores que é essencial ao crescimento. A agenda necessária de reformas para reconduzir o Brasil ao caminho da alta produtividade agora já está bem estabelecida. A agenda inclui reformas regulatórias do mercado de trabalho e do mercado de capitais, visando superar os graves obstáculos infra-estruturais ao progresso, facilitar o melhor uso do capital humano e aperfeiçoar a utilização do capital natural. A implementação de algumas dessas reformas representa um desafio, mas o progresso efetivo freqüentemente exige algumas escolhas difíceis.

No esforço para o crescimento, deve-se favorecer os investimentos no trabalho em vez dos investimentos em capital. Um procedimento oposto pioraria a distribuição de renda e traria poucos resultados para o crescimento sustentável. Igualmente importante é evitar tendências que não levem em conta o capital natural, o que também impediria o avanço do crescimento sustentável. Adotar uma postura relativamente neutra em relação às três formas de capital possibilitaria ao Brasil aproveitar melhor os seus pontos fortes, garantindo ao mesmo tempo que o crescimento seja inclusivo e sustentável.

A importância e o potencial de aumento da produtividade não só atendem significativamente às necessidades do contexto particular do Brasil, mas são também relevantes para outros países. Seria útil conhecer melhor o valor relativo dos investimentos e da produtividade nos cenários das políticas, seus efeitos relativos sobre os resultados fiscais e o crescimento, bem como as oportunidades para gerar maior produtividade e investimentos.

Sustentabilidade para reduzir a pobreza

A riqueza de seus recursos naturais coloca o Brasil em posição de destaque em relação a outros países. Embora seja considerada às vezes como uma restrição, a riqueza natural brasileira representa uma coleção de bens de grande valor — alguns deles não têm preço. Essa dádiva natural constitui o patrimônio comum da população, por isso a sua preservação e seu uso equilibrado merecem importantes considerações. Se forem valorizados de modo adequado, tornar-se-ão uma base forte para o crescimento sustentável e a eqüidade, segundo o estilo brasileiro. O país ficará muito mais rico se conseguir alcançar esses objetivos com êxito.

O uso sustentável dos recursos naturais necessitaria de uma gestão ambiental muito cuidadosa, com crescente atenção sobre a fiscalização, que inclua um maior controle da extração ilegal de madeira. Muito promissores são os esforços para combinar o zoneamento econômico e ambiental com o fortalecimento institucional como, por exemplo, nas iniciativas de fiscalização no cerrado e na caatinga.

As tentativas de integrar as políticas ambientais com as reformas de modo geral, tornando as medidas ambientais proativas em vez de corretivas e transversais também são promissoras. A gestão dos recursos naturais também precisa contar mais com incentivos econômicos possíveis (por exemplo, promover a gestão sustentável da floresta) e menos com padrões freqüentemente irreais e caros (como a coleta de esgoto nas áreas urbanas).

A administração e proteção cuidadosa dos recursos naturais é um importante instrumento para a estabilidade e o crescimento econômico. A gestão do patrimônio natural assume uma importância especial para a redução da pobreza e o crescimento inclusivo, porque esses recursos compõem uma grande parte dos bens dos pobres rurais e a má administração ambiental prejudica as camadas sociais menos favorecidas, rurais e urbanas.

Embora seja especialmente relevante para o Brasil, uma melhor compreensão do vínculo entre pobreza e meio ambiente teria conseqüências muito amplas. Seria útil acompanhar os efeitos sobre o crescimento e a redução da pobreza das abordagens alternativas para o uso dos recursos naturais, com o objetivo de identificar as iniciativas mais bem-sucedidas.

Reforma política

No Brasil, o sistema político, a administração e as instituições financeiras são relativamente desenvolvidas e democráticas. O federalismo e a descentralização, que exercem um papel importante sobre os estados e municípios, são os principais bens com os quais o Brasil conta em seus esforços para atender às aspirações de seu povo.

Contudo, a estrutura institucional e os processos políticos também desaceleram o ritmo das reformas. Alguns consideram a Constituição como um impedimento ao progresso e gostariam de modificá-la. Embora as demoras, em alguns casos, façam parte dos processos participativos e democráticos, elas são também um reflexo do poder daqueles que apóiam o *status quo*. Nenhuma dessas posturas é exclusiva ao Brasil, mas a atenção a essas questões políticas é, pelo menos, tão importante quanto considerar os fundamentos econômicos das reformas.

Claramente, o andamento das reformas econômicas foi afetado pelo advento da crise política em 2005. Analistas concordam que, antes de tudo, é preciso que haja o pleno processo dos culpados. Em segundo lugar, a crise precisa ser aproveitada para o lançamento das reformas políticas tão necessárias.

Crises políticas, especialmente em anos pré-eleitorais como 2005, não são incomuns em outros países. O importante é que onde problemas de governança e corrupção são identificados, ampliam-se as oportunidades para se tomar uma atitude, como mostram as experiências do Chile, Finlândia e outros países. Aqueles países que não responderam às crises experimentaram problemas políticos prolongados e uma deterioração econômica.

Reformas de processos políticos têm diversas facetas. No contexto do enfoque deste livro sobre o bem-estar econômico, uma preocupação principal seria como os processos políticos servem ao bem-estar público em vez de a grupos de interesse. Reformas que melhorem o cumprimento das leis, a transparência e, o acesso aos processos legais e judiciários são algumas das direções que poderiam alinhar melhor o uso dos recursos públicos para o bem-estar da população em vez de sua captura por interesses privados.

Análises sobre o que o Brasil precisa fazer não faltam (por exemplo, Reis Velloso *et all*, 2005; Gall, 2005). A ampla agenda de reforma envolve a redução das oportunidades para corrupção e ao mesmo tempo aumenta as suas conseqüências. Analistas enfatizaram diversas dimensões da reforma. Um aspecto, no qual alguns passos já foram tomados é relativo à contenção das influências políticas no setor público, por exemplo, limitando as indicações políticas a cargos públicos. Outro aspecto se refere aos processos eleitorais, incluindo as regras para o financiamento das campanhas, transparência nas contas dos partidos, supervisão e fiscalização das campanhas políticas.

O Brasil se situa entre os países mais descentralizados do mundo. Suas instituições centrais são relativamente desenvolvidas como, por exemplo, o regime de licenciamento. O desafio consiste em aproveitar as qualidades de cada nível de governo e garantir que as grandes instituições do país sejam um estímulo ao desenvolvimento sustentável. Para o Brasil, mais do que para outros países, é muito importante uma melhor integração dos órgãos federais, estaduais e municipais.

O povo brasileiro talvez seja o que o país tem de melhor, porém uma boa parte desse potencial ainda não foi aproveitada. Os investimentos em capital humano, negligenciados em décadas passadas, têm apresentado recuperação. Outras iniciativas nessa direção, para tornar o capital humano um patrimônio especial, não são apenas possíveis mas também complementares a todas as outras medidas.

Será crucial aproveitar de modo adequado a enorme energia da grande e crescente juventude brasileira. A última década testemunhou o maior crescimento no número de jovens: em 2003 havia aproximadamente 34 milhões de pessoas entre 15 e 24 anos, quase um quinto da população total (Ipea, 2005). A sociedade civil e os meios de comunicação do país constituem outras forças positivas e complementares. Eles teriam uma ampla participação na mobilização dos jovens e da população de modo geral.

Essas medidas são especialmente importantes para o Brasil. Uma razão é que a taxa de poupança financeira do Brasil é baixa. Levando-se em conta a dívida e os limites de empréstimo, o total dos investimentos fica restrito a essa pequena poupança. As reformas, para gerar maior participação, ajudam a diminuir algumas dessas restrições sobre a poupança e o investimento.

Enquanto isso, o Brasil também pode aumentar a poupança financeira alavancando o seu capital social e natural. A sociedade civil é uma força que tem o poder de gerar e aplicar todas as formas de poupança, que abrangem movimentos sociais, parcerias e voluntariado (Villela *et all*, 2005). As instituições, em seu sentido mais amplo, são vitais para a mobilização dessa poupança e para colocar esses agentes para trabalhar em prol do desenvolvimento.

A natureza das reformas política e institucional merece uma maior atenção. O Brasil atingirá o mais alto nível de ganhos se encontrar o meio-termo entre as normas e a flexibilidade, a participação e a imobilidade, a centralização e a descentralização — questões que são importantes em qualquer país, especialmente para o Brasil.

Redirecionamento para a qualidade

O Brasil fez um bom progresso ao estabelecer metas quantitativas em sua agenda de desenvolvimento. De modo notável, os municípios registram os indicadores de desenvolvimento humano, inclusive aqueles pertinentes às Metas de Desenvolvimento do Milênio. Esses indicadores mostram os objetivos atingidos nos níveis humano e social, macroeconômico e financeiro. A Lei de Responsabilidade Fiscal, implementada em todos os níveis de governo, é um dos aspectos mais visíveis desse grande esforço de monitoramento do progresso alcançado.

Os aspectos qualitativos também são igualmente importantes. O Brasil precisa de um crescimento mais rápido e qualitativo, com maior inclusão e vantagens para os pobres. E o país conta com os meios para atingir essa meta. A estabilidade macroeconômica continua sendo essencial. O crescimento será mais acelerado e melhor sustentado se o seu processo for mais inclusivo e concentrar maior atenção sobre a sustentabilidade social e ambiental.

Os formuladores de políticas e os interessados estão começando a reconhecer a importância dessas interações fundamentais no processo de desenvolvimento. Refletir essa conscientização na agenda de políticas nem sempre é fácil. Por isso, o progresso parece depender essencialmente de um difícil compromisso com a reforma política.

Reunindo todos os fatores

Todos esses elementos são integrados em uma abordagem que reduz os impedimentos ao progresso para todos os brasileiros — além de melhorar os resultados. Essa abordagem reúne vários segmentos individuais, cada um deles decorrente das discussões sobre questões isoladas em todo o Brasil e, em um consenso, sobre as iniciativas que o país precisa implementar, integrando-os em uma agenda interligada ambiciosa, porém altamente viável.

- *A estabilização continua sendo necessária, mas não é suficiente para que sejam concretizadas as melhores possibilidades.* Os gastos do governo são altos e muito precisa ser feito para aprimorar a sua composição e eficácia. Esse posicionamento se inicia com o estabelecimento de uma maior flexibilidade no uso dos recursos públicos. No entanto, flexibilidade não significa automaticamente mais eficiência. Avaliação e monitoramento rigorosos são necessários para criar uma base sólida, com o objetivo de identificar as áreas cujas despesas exercem um maior impacto.
- *Uma melhor distribuição de renda não é somente conveniente em si, mas também representa o meio para atingir um maior e melhor crescimento.* É preciso concentrar mais atenção sobre a qualidade do desenvolvimento humano no tocante à educação, saúde e assistência social, por meio de um maior nível de qualidade dos gastos nesses setores e em outras áreas. A qualidade do Ensino Médio no Brasil é uma das áreas que tem merecido mais ações imediatas.
- *A chave para uma melhor distribuição de renda e um nível mais alto de crescimento é o aumento da produtividade.* As prioridades e os êxitos são medidos com freqüência pelo montante de gastos ou de investimentos. No entanto, são os ganhos de produtividade, e não as despesas em si, que produzem grandes diferenças no desempenho. O Brasil precisa investir mais em infra-estrutura e em outras áreas que contribuirão para o crescimento da produtividade. Essas iniciativas, combinadas às reformas no marco regulatório, no mercado de trabalho e no setor financeiro não somente resultariam em maiores retornos para os investimentos mas também atrairiam novas inversões.
- *As abordagens não-tradicionais são vitais na busca de uma maior produtividade.* A economia baseada em conhecimento tornará o Brasil realmente competitivo. O mesmo ocorreria se as áreas normalmente enfatizadas, como a indústria, fossem complementadas por uma visão mais voltada para a ciência e tecnologia, as artes, a cultura e o ecoturismo — setores em que o Brasil apresenta vantagens incomuns. As parcerias público-privadas e uma maior participação da sociedade civil contribuirão para a implementação de iniciativas com melhores resultados.

- *É essencial investir em todos os tipos de recursos e não somente no capital físico.* Após alguns anos de negligência, a importância do capital humano tem sido enfatizada mais recentemente, embora as questões de qualidade exijam maior atenção. Hoje, o capital natural está sendo altamente subvalorizado, corroborando o desmatamento descontrolado em alguns estados e a poluição da água assim como a degradação das áreas costeiras e a poluição urbana. As abordagens orientadas para o mercado complementares às políticas e investimentos do governo ajudarão a rever essa situação para o benefício de todos, mas especialmente para os pobres. Poucos países em todo o mundo podem se beneficiar tanto quanto o Brasil de uma abordagem nova e dinâmica, que combine a proteção ambiental com o desenvolvimento da infra-estrutura.
- *As mudanças nas políticas e nos investimentos, mesmo com consenso, requerem reformas políticas e não apenas medidas administrativas.* As reformas institucionais e políticas são necessárias para que essas mudanças aconteçam. As iniciativas administrativas provocam um avanço em algumas das transformações, mas as mudanças reais — quer seja a desvinculação de algumas receitas ou a reforma do sistema de previdência social — dependem de reformas políticas. Onde há oportunidades para tais reformas, incluindo os momentos de crises, a chave é capitalizar as oportunidades para agir.
- *Juntas, essas transformações representam uma mudança na natureza da agenda de reformas, do enfoque quantitativo para o qualitativo.* Ambos são necessários e complementares. No entanto, cada vez mais é a qualidade dos recursos e dos resultados que parece ter importância.

* * *

O Brasil é especialmente marcado por contrastes — na sua riqueza e pobreza, nas realizações e necessidades, nas perspectivas e desafios. Em linha com estes contrastes, um refrão comum diz que o Brasil tem um enorme potencial e que é o país do futuro. Ainda assim, muitas das ações para o futuro precisam ser alcançadas ou iniciadas hoje para que o progresso no bem-estar alcance a maioria dos brasileiros.

Se essas ações forem tomadas, um progresso substancial está ao alcance da mão, contanto que duras reformas sejam implementadas. Estas abrangem desde melhorias no quadro administrativo e mudanças na política econômica até profundas transformações políticas e institucionais. Contudo, o objetivo dessas reformas não consegue ser realizado apenas com a estabilização e os superávits primários, que são necessários. Essas medidas quantitativas somente ajudam a evitar certos problemas, mas não são suficientemente criativas para captar as oportunidades disponíveis ao Brasil.

A agenda do desenvolvimento é de natureza brasileira porque ela precisa tratar das questões do país. O Consenso de Brasília não representa apenas uma abordagem holística do desenvolvimento, mas reconhece de início que se não houver uma maior inclusão social, as fórmulas tradicionais não farão aumentar a competitividade, muito menos a eqüidade e, conseqüentemente, as taxas de crescimento. Além disso, a sustentabilidade ambiental e social do crescimento conta com a chancela do Brasil, reconhecendo a enorme importância de valorizar todos os recursos do país.

Este é um convite para se projetar o futuro do Brasil: reconhecer a distribuição de renda e a inclusão social como elementos que fazem parte do crescimento, valorizar os recursos naturais, enfatizar as áreas não-tradicionais do comércio e do crescimento, e integrar as reformas política e econômica. Tomar estas iniciativas pode significar a diferença entre um desempenho medíocre e outro excepcional. E excepcional de um jeito unicamente brasileiro.

REFERÊNCIAS BIBLIOGRÁFICAS

Abromovay, Ricardo *et all.* 2004. *Laços financeiros na luta contra a pobreza.* São Paulo, SP: Annablume e Fapesp.

Alencar, Ane, *et all.* 2004. *Desmatamento na Amazônia: Indo além da emergência crônica.* Belém, PA: Instituto de Pesquisa Ambiental da Amazônia.

Aw, Bee Yan. 2001. *Productivity Dynamics of Small and Medium Enterprises in Taiwan (China).* Washington D.C.: World Bank.

Azevedo, Luiz Gabriel *et all.* 2002. "Rural Development and Natural Resources". In *Brazil Equitable, Competitive and Sustainable.* Washington D.C.: World Bank.

Baltar, Alexandre M. 2003. *Sistema de suporte à decisão para a outorga de direitos de uso da água no Brasil.* Brasília, DF: World Bank.

Banco Mundial. 1993. *The East Asian Miracle: Economic Growth and Public Policy.* Washington D.C.: World Bank e Oxford University Press.

——. 2001a. *Brazil: Attacking Brazil's Poverty — A Poverty Report with a Focus on Urban Reduction Polices* (em dois volumes). Washington D.C.: World Bank.

——. 2001b. *Social Safety Nets in Latin America and the Caribbean: Preparing for Crises.* Washington, D.C.: World Bank.

——. 2002. *Brazil: The New Growth Agenda* (em dois volumes). Washington D.C.: World Bank.

——. 2003a. *Brazil: Inequality and Economic Development* (em dois volumes). Washington D.C.: World Bank e Oxford University Press.

——. 2003b. *Brazil: Strategies for Poverty Reduction in Ceará — The Challenge of Inclusive Modernization.* (em dois volumes). Washington D.C.: World Bank.

——. 2003c. *World Development Report 2004: Making Service Work for Poor People.* Washington D.C.: World Bank e Oxford University Press.

——. 2004a. *A Poverty Reduction Strategy for Egypt.* Washington D.C.: World Bank.

——. 2004b. *Brazil: Equitable, Competitive, Sustainable. Contributions for Debate* (Notas da política). Washington DC.: World Bank.

——. 2004c. *Brazil: Sustaining Equitable Income Security for Old Age*. Washington D.C.: World Bank. Paper preparado para a Associação Econômica Latino-Americana e Caribenha.

——. 2004d. *Doing Business in 2004*. Washington D.C.: World Bank e Oxford University Press.

——. 2005a. *Relatório sobre o desenvolvimento mundial 2005: Um melhor clima de investimento para todos*. São Paulo, SP: World Bank e Editora Singular.

——. 2005b. *World Development Indicators Database*. Washington D.C.: World Bank.Bastide, Roger. 1957. *Brésil, terre des contrastes*. Paris: Le Harmattan.

Batmanian, Garo. 2001. *Ecological Corridors*. Washington D.C.: World Bank.

Baumann, Renato *et all*. 2000. *Brasil — uma década em transição*. Rio de Janeiro, RJ: Campus.

Bielschowsky, Ricardo *et all*. 2002. *Investimento e reformas no Brasil: Indústria e infraestrutura nos anos 1990*. Brasília, DF: Cepal e Ipea.

Bourguignon, François, Francisco H. G. Ferreira, e Marta Menéndez. 2002. "Inequality of Outcomes, Inequality of Opportunities and Intergenerational Education Mobility in Brazil". Washington D.C.: World Bank. Working Paper.

Bourguignon, François, Francisco H. G. Ferreira, e Phillippe G. Leite. 2002. "Ex-ante Evaluation of Conditional Cash Transfer Programs: the Case of Bolsa Escola". Washington D.C.: World Bank. Working Paper.

Bourguignon, François e Luiz A. Pereira da Silva, 2003. *The Impact of Economic Policies on Poverty and Income Distribution: Evaluation Techniques and Tools*. Washington D.C.: World Bank e Oxford University Press.

Calderón, César e Luis Servén, 2004. "Trends in Infrastructure in Latin America, 1980-2001". Central Bank of Chile. Working Paper.

Calmon, Paulo. 2003. "The Evolution of Subsidies in Brazil: An Overview". Mimeo, World Bank Institute.

Capobianco, João Paulo Ribeiro, *et all*. 2001. *Biodiversidade na Amazônia brasileira: Avaliação e ações prioritárias para a conservação, uso sustentável e repartição de benefícios*. São Paulo, SP: Estação Liberdade e Instituto Sociambiental.

Cellier, Jacques *et all*. 2002. "Infrastructure". In *Brazil Equitable, Competitive and Sustainable*. Washington D.C.: World Bank.

Colenci Júnior, Alfredo e Kawamoto, Eiji. "Metodologia para estimativa dos efeitos das condições de transporte na produtividade do trabalhador urbano", EESC/USP/Transportes, São Carlos, Relatório de Pesquisa, maio de 1997, p. 36.

Costa, Francisco José Lobato. 2003. *Estratégias de gerenciamento de recursos hídricos no Brasil: Áreas de cooperação com o Banco Mundial*. Brasília, DF: World Bank.

Dahlman, Carl, e Anderson Thomas. 2000. *Korea and the Knowledge-based Economy: Making the Transition*. Washington D.C.: World Bank Institute.

De Ferranti, David, Guillermo E. Perry *et all*. 2001. *From Natural Resources to the Knowledge Economy: Trade and Job Quality*. Washington D.C.: World Bank.

———. 2003a. *Closing the Gap in Education and Technology*. Washington D.C.: World Bank.

———. 2003b. *Inequality in Latin America and Caribbean: Breaking with History?*. Washington D.C.: World Bank.

Diewald, Chris. 2002. "Development and Conservation of Forests". In *Brazil Equitable, Competitive and Sustainable*. Washington D.C.: World Bank.

Edward, José. 2004. "Agronegócio: Retratos de um Brasil que dá lucros". *Veja*, edição especial, n. 30. São Paulo, SP: Abril.

Federative Republic of Brazil. 2005. *The Bolsa Família Program* Brasília, DF: Ministry of Social Development and Hunger Erradication.

Ferreira, Francisco H. G., Peter Lanjouw, e Marcelo Neri. 1999. "The Urban Poor in Brazil in 2000: a New Poverty Profile Using PPV, Pnad and Census Data". PUC-RJ, Dep. de Economia, trabalho para discussão número 418.

Ferreira, Leandro V. 2003. "A importância das unidades de conservação e terras indígenas em diminuir o desmatamento na Amazônia". *Paper*, Banco Mundial, Brasília, julho.

Ferreira, Leandro Valle, Eduardo Venticinque, e Samuel Almeida. 2005. "O desmatamento na Amazônia e a importância das áreas protegidas". *Estudos Avançados* 19 (53): 157-166.

Fortin, Pierre. 2001. "The Irish Economic Boom: What Can We Learn?" *International Productivity Monitor* 3: 19-31.

Gall, Norman. 2004. "Os desafios das instituições latino-americanas: A democracia está ameaçada?" Braudel Papers 35. São Paulo, SP: Instituto Fernand Braudel de Economia Mundial.

———. 2005. "Lula and Mephistopheles", Braudel papers n. 37, São Paulo, SP: Instituto Fernand Braudel de Economia Mundial.

Gomes, Victor, Samuel de Abreu Pessôa, e Fernando A. Veloso. 2003. "Evolução da produtividade total dos fatores na economia brasileira: Uma análise comparativa". *Pesquisa e Planejamento Econômico* 33 (3): 389-434.

González, Felipe. 2005. "Consensos estratégicos para a América Latina". Braudel Papers 36. São Paulo, SP: Instituto Fernand Braudel de Economia Mundial.

Grupo de Trabalho de Florestas, e Fórum Brasileiro de Organizações Não-Governamentais e Movimentos Sociais para o Meio Ambiente e o Desenvolvimento. 2005. *Relação entre cultivo de soja e desmatamento: compreendendo a dinâmica*. São Paulo, SP: Amigos da Terra-Amazônia Brasileira.

Herrera, Santiago, e Fernando Blanco. 2004. "The Quality of Fiscal Adjustment and The Long-Run Growth Impact of Fiscal Policy in Brazil". Mimeo, LC5, Banco Mundial, Washington, DC.

Holzmann, Robert, e Ana-Maria Arriagada. 2003. "Volatility, Risk and Innovation: Social Protection in Latin America and the Caribbean". In *Sppectrum*. Washington D.C.: World Bank.

Horn, Robin. 2002. "Education". In *Brazil Equitable, Competitive and Sustainable*. Washington D.C.: World Bank.

Immervoll H, H. Levy, J.R. Nogueira, C. O'Donoghue e R.B. Siqueira. 2003. "Simulating Brazil's Tax-Benefit System Using BRAHMS, the Brazilian Household Microsimulation Model". Paper apresentado na WIDER Development Conference: Inequality, Poverty and Human Well Being, Helsinki, 30/31 de maio.

Instituto Brasileiro de Geografia e Estatística (IBGE). 2004. *Finanças públicas do Brasil 2001-2002*. Rio de Janeiro, RJ: IBGE.

———. 2005. Pesquisas de informações básicas municipais sobre meio ambiente. Perfil dos municípios brasileiros — Meio ambiente 2002. Rio de Janeiro, RJ: IBGE.

Instituto de Pesquisas Econômicas Aplicadas (Ipea). 2005. *Brasil: O estado de uma nação*. Rio de Janeiro, RJ

Kaufmann, Daniel, Aart Kraay, e Massimo Mastruzzi. 2005. *Governance Matters IV: Governance Indicators for 1996-2004*. Washington D.C.: World Bank.

Kelly, John, e Mary Everett. 2004. *Financial Liberalisation and Economic Growth in Ireland*. Quartely Bulletin: outono.

Kim, J-I, e Lawrence J. Lau. 1994. "The Sources of Growth in East Asian Newly Industrializing Economies". *Economics* 8 (1): 235-71.

Kumar, Anjali. 2002. "Financial Sector". In *Brazil Equitable, Competitive and Sustainable*. Washington D.C.: World Bank.

Kumar, Anjali. e Manuela Francisco. 2005. *Enterprise Size, Financing Patterns and Credit Constraints in Brazil: Analysis of Data from Investment Climate Assessment Survey*. Washington D.C.: World Bank. Working Paper.

Lahorgue, Maria Alice et all. 2004. *Pólos, parques e incubadoras: Instrumentos de desenvolvimento do século XXI*. Brasília, DF: Sebrae and Abprotec.

Lakin, Caroline. 2001. "The Effects of Taxes and Benefits on Household Income, 1999-2000". *Economic Trends* 569: 35-74.

Laurance, W. L. et all. 2001. "The Future of the Brazilian Amazon". *Science* 291: 438-439.

———. et all. 2004. "Deforestation in Amazonia". *Science* 304: 1109-1111.

Leitão, Miriam. 2005. "Panorama Econômico". In *O Globo*, 14 de maio, Rio de Janeiro.

Lele, Uma *et al*. 2000. *Brazil Forests in the Balance: Challenges of Conservation with Development*. Washington D.C.: World Bank.

Lindert, Kathy, Emmanuel Skoufias e Joseph Shapiro. 2005. "Redistributing Income to the Poor and the Rich: Public Transfers in Latin America?" Washington D.C.: World Bank. Draft Working Paper.

Lindert, Kathy *et al*. 2005. "Brazil Social Safety Net". Mimeo.

Lindert, Peter H. 2004. *Growing Public: Social Spending and Economic Growth Since the Eighteenth Century*. Nova York, NY: Cambridge University Press.

Loayza, Norman e César Calderón. 2002. Aggregate Growth in Brazil. In *Brazil The New Growth Agenda*. Washington D.C.: World Bank.

López, Ramón. 1998. "Growth and Stagnation in Natural Resource-Rich Countries". University of Maryland, College Park, Maryland. Apresentação no seminário na University of Tucumán, Argentina, abril.

Mankiw, N. Gregory, David Romer, e David N. Weil. 1992. "A Contribution to the Empirics of Economic Growth". *Quarterly Journal of Economics* 107: 407-437.

Margulis, Sergio. 2003. *Causas do desmatamento da Amazônia brasileira*. Brasília, DF: World Bank.

Matsuda, Yasuhiko, *et all*. 2005. "The Level and Quality of Public Spending in Brazil". Mimeo.

McCarthy, F. Desmond. 2001. "Social Policy and Macroeconomics: The Irish Experience" Washington D.C.: World Bank. Working Paper.

Mejia, Abel *et all*. 2002. "Water, Poverty Reduction, and Sustainable Development". In *Brazil Equitable, Competitive and Sustainable*. Washington D.C.: World Bank.

——. 2003. *Água, redução de pobreza e desenvolvimento sustentável*. Brasília, DF: World Bank.

Ministério da Fazenda. 2003. *Gasto social do governo central: 2001 e 2002*. Brasília, DF.

Narayan, Deepa. 2000. *Voices of the poor*. Washington, DC: Banco Mundial.

Nelson, Richard R. e Howard Pack. 1999. "The Asian Miracle and Modern Growth Theory". *The Economic Journal* 109: 416-439.

Nepstad, Daniel *et all*. 2000. *Avança Brasil: Os custos ambientais para a Amazônia*. Belém: Gráfica e Editora Alves.

North, Douglass. 1991. "Institutions". In *Journal of Economic Perspectives* 5 (1): 97-112

Organização das Nações Unidas. ONU. 2005. "Tendências Demográficas Mundiais". 2005. Mimeo.

―――. 2005. *Population Challenges and Development Goals*. Department of Economic and Social Affaire, Population Division, Nova York, NY.

Organização Mundial da Saúde. OMS. 2004. *The World Health Report 2004 — Changing History*. Genebra: Organização Mundial da Saúde.

Organization for Economic Co-operation and Development. OECD.1999. *OECD Economic Surveys 1998-1999: Ireland*. Paris, France: OECD.

―――. 2004. *Learning for Tomorrow World: First Results from PISA 2003*. Paris: OECD.

Parandekar, Suhas D. et all. 2002. *Brazil: Municipal Education*. Washington D.C.: World Bank.

Pastore, José. 2005. "Legislação trabalhista, emprego e renda: A reforma necessária". Seminário sobre Desenvolvimento com Liberdade. Brasília, DF.

Perlman, Jannice. 2005. "Myth of Marginality Revisited: The Case of Favelas in Rio de Janeiro, 1969-2003". Mimeo, Urban Development Group, LAC, Banco Mundial, Washington, DC.

Pinheiro, Armando C., Indermit Gill, Luis Servén e Mark R. Thomas. 2001. "Brazilian economic growth, 1900-2000: Lessons and policy implications." Mimeo.

Programa das Nações Unidas para o Desenvolvimento. Pnud. 2003. *Human Development Report 2003: Millennium Development Goals A Compact Among Nations to End Human Poverty*. Nova York, NY: Oxford University Press.

―――. 2005. *The Millennium Development Goals: A Latin American and Caribbean Perspective*. Santiago: Cepal e Nações Unidas.

Redwood III, John. 2003. *Amazônia brasileira: A experiência do Banco Mundial — O difícil caminho para o desenvolvimento sustentável*. Brasília, DF: Banco Mundial.

Reis Velloso, João Paulo dos. 2004a. *Economia do conhecimento, crescimento e inclusão social*. Rio de Janeiro, RJ: José Olympio.

―――. 2004b. *Tempos modernos*. Rio de Janeiro, RJ: FGV.

Reis Velloso, João Paulo dos et all. 2005. *Reforma política no Fórum Nacional* Instituto Nacional de Altos Estudos, Rio de Janeiro, RJ, junho.

Rocha, Sônia. "Do consumo observado à linha de pobreza", in *Pesquisa e Planejamento Econômico*, vol. 27, n. 2, agosto de 1997. (Elaboração com base na POF.)

Rodgers, Yana van der Meulen, e Sita Nataraj. 1999. "Labor Market Flexibility in East Asia: Lessons from Taiwan". *Economic Development and Cultural Change* 48 (1): 55-69.

Rodriguez, A. e C. Herran. 2000. *Educação secundária no Brasil: Chegou a hora*. Banco Interamericano de Desenvolvimento e Banco Mundial, Washington, DC, cap. 2, p. 15.

Santos, Pablo Fonseca P. 2005. "Brazil's Remarkable Journey". *Finance and Development* 42 (2), p. 50-52.

Schneider, Friedrich. 2002. "Size and Measurement of the Informal Economy in 110 Economies Around the World". Washington D.C.: World Bank. Working Paper.

Schwartzman, Simon. 2004. *Efeitos educativos e de eqüidade dos programas sociais voltados à educação no Brasil (PNAD 2003)*. Rio de Janeiro, RJ: Instituto de Estudos do Trabalho e Sociedade.

Sen, Amartya. 1988. "The Concept of Development". In *Handbook of Development Economics*. Nova York, NY: Elsevier Science Publishers.

Solow, Robert M. 1956. "A Contribution to the Theory of Economic Growth". *Quarterly Journal of Economics* 70: 65-94.

Stiglitz, Joseph E., e Shahid Yusuf. 2001. *Rethinking the East Asian Miracle*. Washington D.C.: World Bank e Oxford University Press.

Thomas, Mark Roland, e Vinod Thomas. 2004. "Growth Strategies for Today's Brazil". Remarks for the Minifórum Nacional, Instituto Nacional de Altos Estudos, Rio de Janeiro, setembro.

Thomas, Vinod. 1982. "Differences in Income, Nutrition and Poverty within Brazil". Washington D.C.:World Bank. Working Paper.

Thomas, Vinod e Lia Rocha. 2005. "A Note on Measuring the Inclusiveness of Welfare". Mimeo.

Thomas, Vinod e Yan Wang *et all*. 2000. *The Quality of Growth*. Washington D.C.: World Bank e Oxford University Press.

Veja. 2005. "A terra no limite", reportagem especial. São Paulo, SP: Abril, 12 de outubro.

Villela, Milu *et all*. 2005. *Realizando juntos*. São Paulo, SP: Instituto Brasil Voluntário.

Von Amsberg, Joachim, Peter Lanjouw e Kimberly Nead. 1999. "The Poverty Targeting of Social Spending in Brazil". Washington D.C.: World Bank. Working Paper.

Wagle, Swarnim e Parmesh Shah. 2003. "Ireland: Participation in Macroeconomic Policy Making and Reform". Social Development Notes.

Wilson, Dominic e Roopa Purushothaman. 2003. "Dreaming with BRICs: The Path to 2050". *Global Economics* Paper 99. Goldman Sachs.

Wodon, Quentin T. *et all*. 2000. *Poverty and Policy in Latin America and the Caribbean*. Washington D.C.: World Bank.

Young, Alwyn. 1992. *A Tale of Two Cities: Factor Accumulation and Technological Change in Hong Kong and Singapore*. National Bureau of Economic Research Macroeconomics Annual 1992. Cambridge, Mass.: MIT Press.

———. 1994. "Lessons from the East Asian NICs: A Contrarian View". *European Economic Review* 38: 964-973.

Yusuf, Shahid. 2001. "The East Asian Miracle at the Millennium". In *Rethinking the East Asian Miracle*. Washington D.C.: World Bank and Oxford University Press.

Zagha, Robert. 2004. "Economic Growth in the 1990s: Learning from a Decade of Reforms". Mimeo.

ACRÔNIMOS

ALC	AMÉRICA LATINA E CARIBE
ANPROTEC	ASSOCIAÇÃO NACIONAL DE ENTIDADES PROMOTORAS DE EMPREENDIMENTOS
ARPA	PROGRAMA ÁREAS PROTEGIDAS DA AMAZÔNIA (AMAZON REGION PROTECTED AREAS)
BNDES	BANCO NACIONAL DE DESENVOLVIMENTO ECONÔMICO E SOCIAL
BID	BANCO INTERAMERICANO DE DESENVOLVIMENTO
CLT	CONSOLIDAÇÃO DAS LEIS DE TRABALHO
CONAMA	CONSELHO NACIONAL DE MEIO AMBIENTE
DFID	DEPARTAMENTO PARA O DESENVOLVIMENTO INTERNACIONAL
EMBRAPA	EMPRESA BRASILEIRA DE PESQUISA AGROPECUÁRIA
EMBRAER	EMPRESA BRASILEIRA DE AERONÁUTICA
ENAP	ESCOLA NACIONAL DE ADMINISTRAÇÃO PÚBLICA
FDI	INVESTIMENTO ESTRANGEIRO DIRETO (FOREIGN DIRECT INVESTMENT)
FGV	FUNDAÇÃO GETULIO VARGAS
FIPE	FUNDAÇÃO INSTITUTO DE PESQUISAS ECONÔMICAS
FNDE	FUNDO NACIONAL DE DESENVOLVIMENTO DA EDUCAÇÃO
FUNDEB	FUNDO DE MANUTENÇÃO E DESENVOLVIMENTO DA EDUCAÇÃO BÁSICA
FUNDEF	FUNDO DE MANUTENÇÃO E DESENVOLVIMENTO DO ENSINO FUNDAMENTAL E DE VALORIZAÇÃO DO MAGISTÉRIO
GEF	FUNDO GLOBAL PARA O MEIO AMBIENTE (GLOBAL ENVIRONMENT FACILITY)
IBAMA	INSTITUTO BRASILEIRO DO MEIO AMBIENTE E DOS RECURSOS NATURAIS RENOVÁVEIS

IBGE	INSTITUTO BRASILEIRO DE GEOGRAFIA E ESTATÍSTICA
IDH	ÍNDICE DE DESENVOLVIMENTO HUMANO
IETS	INSTITUTO DE ESTUDOS DO TRABALHO E SOCIEDADE
INCRA	INSTITUTO BRASILEIRO DE COLONIZAÇÃO E REFORMA AGRÁRIA
INEP	INSTITUTO NACIONAL DE ESTUDOS E PESQUISAS EDUCACIONAIS
INPE	INSTITUTO DE PESQUISA ESPACIAL
IPEA	INSTITUTO DE PESQUISA ECONÔMICA APLICADA
MDG	METAS DE DESENVOLVIMENTO DO MILÊNIO
MEC	MINISTÉRIO DA EDUCAÇÃO
OCDE	ORGANIZAÇÃO PARA COOPERAÇÃO ECONOMIA E DESENVOLVIMENTO
PETROBRAS	PETRÓLEO BRASILEIRO S.A.
PETI	PROGRAMA DE ERRADICAÇÃO DO TRABALHO INFANTIL
PIB	PRODUTO INTERNO BRUTO
PISA	PROGRAMA INTERNACIONAL DE AVALIAÇÃO DOS ALUNOS (PROGRAMME FOR INTERNATIONAL STUDENT ASSESSMENT)
PNAD	PESQUISA NACIONAL POR AMOSTRA DE DOMICÍLIO
PNUD	PROGRAMA DAS NAÇÕES UNIDAS PARA O DESENVOLVIMENTO
PPA	PLANO PLURIANUAL
PRONAF	PROGRAMA NACIONAL DE FORTALECIMENTO DA AGRICULTURA DE FAMILIAR
PUC	PONTIFÍCIA UNIVERSIDADE CATÓLICA
QUALISUS	QUALIDADE AO ATENDIMENTO DO USUÁRIO DO SUS
P&D	PESQUISA E DESENVOLVIMENTO
REFORSUS	REFORÇO À REORGANIZAÇÃO DO SUS
SAEB	SISTEMA NACIONAL DE AVALIAÇÃO DA EDUCAÇÃO BÁSICA
SEBRAE	SERVIÇO BRASILEIRO DE APOIO ÀS MICRO E PEQUENAS EMPRESAS
SELIC	SISTEMA ESPECIAL DE LIQUIDAÇÃO E CUSTÓDIA
SUDAN	SUPERINTENDÊNCIA DE DESENVOLVIMENTO DA AMAZÔNIA
SUDENE	SUPERINTENDÊNCIA DE DESENVOLVIMENTO DO NORDESTE
SUS	SISTEMA ÚNICO DE SAÚDE
TFP	PRODUTIVIDADE TOTAL DOS FATORES (TOTAL FACTOR PRODUCTIVITY)

TFPG	CRESCIMENTO DA PRODUTIVIDADE TOTAL DOS FATORES (TOTAL FACTOR PRODUCTIVITY GROWTH)
UE	UNIÃO EUROPÉIA
UN	NAÇÕES UNIDAS (UNITED NATIONS)
UNICAMP	UNIVERSIDADE DE CAMPINAS
USP	UNIVERSIDADE DE SÃO PAULO
VIGISUS	VIGILÂNCIA EM SAÚDE NO SUS
WWF	FUNDO MUNDIAL PARA A NATUREZA (WORLD WILDLIFE FUND)
ZEE	ZONEAMENTO ECOLÓGICO ECONÔMICO

Este livro foi impresso nas oficinas da
DISTRIBUIDORA RECORD DE SERVIÇOS DE IMPRENSA S.A.
Rua Argentina, 171 – 20921-380 – Rio de Janeiro, RJ
para a
EDITORA JOSÉ OLYMPIO LTDA.
em abril de 2006

*

74º aniversário desta Casa de livros, fundada em 29.11.1931